수비토의 언어

수비토의 언어

황선유 수필집

수필과비평사

| 작가의 말 |

내 수필이 별거라고,
글을 보내라 하고 보낸 글을 실어주어 이만큼 썼다.
헛글일지라도 쓰는 동안은 헛산다는 생각이 안 들어 좋았다.
억장이 무너져 못 쓸 글은 붓방아만 찧다가 여백에 묻는다.
글 속에 와준 인연들, 고맙습니다.

2024년 다시, 봄

| 차례 |

1. 인연…
어둠자락 덮는 저녁거리에 한줄금 인연비가 내린다

아, 떫감 • 12
Beautiful • 16
부엌과 친해지기 • 20
"오빠는 괜찮아요." • 24
핏줄 • 27
침묵 • 32
수비토의 언어 • 36
인연, 벚꽃 여인 • 40
미스 에세이 그녀 • 44
전구지부침개와 서대 • 48
힘세고 부지런한 사내 • 53

2. 삽화…
스치고 지난 인연은 저마다의 삽화를 남긴다

삽화 • 60

선망 • 64

시 • 68

들깨짬뽕을 먹는 시간 • 73

한끼의 미학 • 77

연필 글씨 • 82

그해 여름 • 87

내가 최초 유포자 • 90

아무튼, 15도 각도 • 94

다시는 그런 날이 오지 않을 것 같아서 • 99

3. 한때 장미였던…
   문득 아린 그대에게 보낸다

한때 장미였던 • 106

다시, 소녀 • 110

구두 서사 • 115

늙은 호박 • 120

계모, 서모 • 124

제3의 그랜마 • 130

나의 대상포진 일지 • 134

팔이 뽈라졌다 안헙니꺼 • 139

있었던 것들에 대한 그리움 • 143

댁의 며느릿감으로 간호사는 어떠세요? • 148

4. 헛글…
  누군가 헛글의 행간에 웅크린 참나를 찾아낼지도 모르겠어요

  헛글 • 154
  세월 • 159
  하루의 끝 • 163
  일몰 너머 • 167
  남아있는 나날 • 172
  꽃처럼 돌아오면 얼마나 좋겠습니까 • 176
  꿈에 • 181
  송년送年 • 183
  혜존에 대하여 • 187
  내 수필이 별거라고 • 191
  수필작가라는 이름의 나 • 194

1. 인연…

수필을 여백문학이라고 할 때의 여백은 곰곰이 사유하는
틈새입니다.
— 유병근 《수필담론 : 수필의 맥을 찾아》에서

아, 떫감 / Beautiful / 부엌과 친해지기
"오빠는 괜찮아요." / 핏줄 / 침묵 / 수비토의 언어
인연, 벚꽃 여인 / 미스 에세이 그녀
전구지부침개와 서대 / 힘세고 부지런한 사내

아, 떪감

 떪감나무 한 그루가 고향집 담벼락을 기대고 있다. 어림짐작만으로도 내 나이보다 오래되었다. 오래된 것들은 나름의 역사를 가진다. 떪감나무에도 저만의 역사가 있으니 담장도 그중 하나이리라. 기억하건대 탱자나무 울타리에서 돌담으로, 돌담의 벌어진 틈에다 벽돌로 땜질을 하기까지 그곳에 있으니 말이다. 언제부터인지 고향집을 방문하면 전에 없이 늙은 떪감나무의 안부를 살피고는 한다.
 떪감나무는 내 유년의 마당을 꾸몄다. 겨울 한기가 더는 미적거리지 못하고 물러나면 연초록 감나무 잎이 그새 부드러워진 봄 햇살을 받아 환하게 빛난다. 햇살은 점점 야물어지고 감꽃도 탱탱하게 벙근다. 이윽고 만개한 감꽃이 장독대에 떨어져 다소곳하다. 마당에다 꽃자리를 편다. 꽃그늘에 퍼더앉은 예닐곱 살 소녀들의 감꽃 목걸이도 되고 팔찌도 된다. 혀끝으로 달콤 쌉싸름했던 감꽃의 기억이 되살아나는 듯하다. 때 이르게 떨어진 도사리 풋감을 모아 소금물에 우린 침시감은 그다지 먹잘 것은 없어도 그 시절의 한 군입거리는 되었다. 그렇더라도 홍시가 되기까지의 떫감은 그저 흔해 빠진 땡감 따위일 뿐이다.

소나기와 천둥과 함께 시나브로 여름 더위는 물러나고 한두 차례 태풍의 해찰이 지나가고 들판에 가을걷이도 끝날 무렵이면 풀색 풋감은 익어 홍시가 된다. 엔간한 꼬맹이 머리통만 하다. 마루 끝에 걸터앉아 맨다리를 건들거리며 반으로 자른 홍시를 숟가락으로 파먹었다. 다 파먹고 남은 감껍질과 감꼭지를 울 넘어 아무데나 휙 던져도 괜찮았다. 한겨울 독 안에서 꺼낸 홍시는 달리 비할 데가 없는 맛이었다. 그런 유년이 아니었다면, 나조차 잊고 있던 감성들, 내 온몸 온 마음에 숨은 듯 배어있는 고요한 설렘, 참아 기다림, 포근한 슬픔 들을 얻지 못하였으리라. 그런 유년이 있어 청한 적 없는 쓸쓸함도 견뎌왔으리라.

객지에 나가서야 우리 집 떫감이 대봉감이라는 것을 알았다. 내 고향이 대봉감 산지라는 것과 대봉감이 귀한 선사품이 되는 것도 알았다. 늘 가까이 있어서, 너무 흔해서, 지극히 당연해서 대강으로 여겨왔던 떫감의 실체였다. 예순의 날들을 살고 보니 떫감인 줄 알아, 떫감 본 듯하여, 떫감 내 치듯 했던 인연들이 공연히 섧다. 대봉감으로 신분이 바뀐 떫감은 오랫동안 오빠들의 선사품이 되어 집 밖으로 나다녔고 잔챙이만이 막내인 내 몫이었다. 세월은 흘러 이제야 내 차례가 되었다마는….

 고향집을 지키는 여든의 큰오빠는 떫감나무의 아랫가지에 달린 감만 딴단다. 일꾼도 없으니 윗가지에 달린 것들은 그냥 둔단다. 요새는 까치도 홍시를 안 먹는지 마른 가지에 달린 채 생을 마감하거나 땅바닥에 떨어져 낭자하게 속살을 쏟기도 한다. 앞으로 몇 해나 더 열릴지 모르겠단다.

 재작년에는 다니러 온 장조카와 둘이서 떫감을 땄다. 장조카는 한쪽 끝에 감 따는 가위와 그물망이 달린 전짓대를 들고 사다리에 올라타서는 한 개씩 딴 감을 허리에 찬 망태에 넣는다. 망태가 가득해지면 아래로 내리고 다시 빈 망태를 받아 든다. 나는 장조카가 시키는 대로 망태에서 떫감 하나씩을 꺼내 들고 감꽃 자리였던 위쪽의 뾰족한 부분을 가위로 살짝 날려서 목장갑 낀 손바닥으로 쓸어보아 매끈한지 확인한 후 종이 상자에 담는다. 그래야만 감끼리 부딪쳐도 서로 생채기를 내지 않는다는 것을 생전 처음 알았다. 그간의 떫감이…, 떫감뿐이든가. 쌀이니 콩이니 고사리니, 가늠 못 할 수고의 손길을 거쳤다는 것을…. 내 나고 자란 곳의 어느 것 하나 똑바로 알지 못한다는 허허로움도 그날이 처음이었다.

  떫감을 따고 돌아와서는 고 잘난 일 좀 했다고 사흘을 한의원에 다니며 침을 맞았다. 보는 사람 하나 없어도 혼자 부끄러워하다 못내 아렸다. 현관에 부려놓은 떫감 자루를 마음 편히 볼 수가 없었다. 큰오빠 내외의 작아진 뒷모습과 낮아져 가는 고향집 담벼락과 이제는 여문 감이 버거운 떫감나무 가지들이 한데 모여 휘청거렸다.

  수필을 배우면서부터 스승에게 떫감 홍시를 보내드린다. 올해 구순의 스승은 잘 받았다며 매번 긴 메일을 보내오셨다. 이 봄 지나고 여름도 다녀가면 또다시 떫감 익는 가을이다. 메일은 안 주셔도 좋으니 아, 떫감은 오래오래 받으시면 좋겠다.

- 《부산수필과비평》 2021

Beautiful

언니는 지금 '트바로티'라 불리는 가수에 빠져있다. 요샛말로 찐팬이다. 팬 카페에 가입하고 팬미팅 영상을 관람하고 스트리밍을 하고 음반을 사다 날랐다. 그것들은 디지털로만 가능하여, 전자공학을 강의했던 형부는 은퇴 후에도 이렇게 전공을 살려 밥벌이할 줄은 몰랐다며 농담한다.

언니의 팬심은 나의 일상까지 넘봤다. 한밤중에 영상을 보내고는 어서 열어서 노래를 들어봐라 다그치고, 음악 프로그램에 투표하라 종용하고, 음반 구매를 독촉하여 그럼 한 장만 했더니 두 장을 강매했다. 배달된 음반에 대형 브로마이드가 딸려왔다. 아무리, 볼살 통통한 젊은 남자 사진을 척 걸어 둘 수도 없는 터. 안 걸 거면 달래서 줬다. 그뿐만이 아니다. 팬심의 외연을 넓혔다고 할까. 오디오를 바꾸어 국내외 성악가들의 목소리를 비교 분석하더니 클래식 음악 잡지를 구독하기까지 이르렀다. 그 《월간 REVIEW》에 이런 글이 있다.

〈별은 빛나건만〉을 부른 성악가가 어디 한둘인가. 밤하늘의 별만큼 무수한 테너들이 불렀다. 그러나 그들이 어느 날 부엌에서 무채를 썰던 한 주부의 손을 멈추게 한 적이 있었을까?

그렇다. 언니는 트바로티의 노래를 듣고 무채를 썰다가 손을 멈춘 그 한 사람이다. 그러고 보니 오래전의 나도 〈별은 빛나건만〉에 빠진 적이 있다. 당시 부산에서 서울오페라단의 《토스카》 공연이 있었는데 그때의 젊은 성악가 박세원 테너에게도 매료되고, 공연이 끝난 저녁에 버스를 타고 기숙사로 돌아왔다. 손에는 누가 사 준 노래 테이프를 쥔 채. 깊은 밤 〈별은 빛나건만〉을 들으며 라면을 끓였던가.

언니의 희유함은 한때 아이돌 그룹 '워너원'에 빠졌던 나를 떠올리게 한다. 일을 그만둔 그해 우연히, 한 TV 방송국의 서바이벌 프로그램을 통하여 워너원을 알았고 아이돌에 대한 그때까지의 이런저런 시각을 확 바꾸었다.

최근 생활 속 거리 두기로 실내운동을 못 하는 대신 뜻이 맞는 지인 몇몇과 걷기를 한다. 마침 회동수원지로 가는 길에 선동을 지나다 저쯤 산등성이에 휑뎅그렁한 건물이 P 예술고인 것을 알았다. 그 학교에 다녔던 워너원의 '강다니엘'이 방송에서 말하기를 집에서 너무 멀고 학비가 비싸서 중퇴하고 기획사에 들어갔단다. 열일곱 살 소년이 영도 흰여울마을 산복도로에서 버스를 타고, 남포동에서 지하철 갈아타고, 종점이 두어 정거장 남은 구서역에 내려서 셔틀버스를 못 타는 날이면 저 산만디까지 걸어갔겠구나. 찌르르 가슴이 한참 저렸다. 불우하게 청소년기를 보낸 트바로티 가수를 친손자인 양 애달파하는 언니 마음이나 내 마음이나. 팬심이 다 그런 것이거늘.

문득 아름답다는 형용사를 웅얼거린다. '즐거움과 감동을 줄 만큼 곱고 갸륵하다.' 세상에서 붙여보는 최고의 수식어가 아닐까. 예술의 절정도 자연의 극치도 종교의 본질도 인간의 생애도.

지난해 제주도의 오름을 다녀왔다. 가을 하늘 아래 물결 같은 능선과 그 계절이 아니면 볼 수 없을 억새들…. 그토록 곱고 갸륵한 자연이라도 보고 느끼는 사람이 없다면 다 무엇이랴. 모든 아름다움의 중심에는 사람이 있다. 시작도 끝도 마땅히 사람이다. 사람만이 궁극의 아름다움이다.

해체된 워너원이 그립다. 잠시 잊고 있던 미안함이라도 덜까, 노래 〈Beautiful〉 중에서 강다니엘의 랩을 핸드폰 컬

러링에 담았다. 내게 전화를 건 친구는 이게 무슨 노래냐며 얄궂어한다. 그러든 말든 강다니엘 beautiful, 트바로티 beautiful, 일흔 살 내 언니 beautiful이다.

−《수필과비평》2021. 1

부엌과 친해지기

늦은 밤에 상제들만 남았다. 조문객과 도우미들은 다 떠나고 장례 첫날의 낯설고 분주했던 하루가 마무리되고 있었다. 입다실거리라도 내올까 하고는 주방에 들어갔다가 그 아이와 마주했다. 머뭇하는 내 앞에서 마치 그 부엌의 원래 주인인 양 척척 해내는 그 아이, 질녀를 본 것이다. 미리 준비해 두었던 것처럼 먹을거리를 챙겨서 나에게 건네고, 남아있는 마른 음식을 봉지에 담아 봉하고, 빈 그릇들을 포개 넣는 손놀림이 예사 틀스러운 게 아니었다. 명색이 맏상제인 나는 아무 거들거리도 찾지 못한 채 멀뚱히 보고 있었다. 그때 질녀가 막 대학을 졸업했던가. 지금은 저 닮은 딸을 낳아 예쁘게 살고 있다.

보스턴 동서네 집에 갔을 때다. 흠치르르 부엌살림에 윤이 났다. 김치냉장고에 그득한 김치는 직접 담근 것이란다. 맛이 혀에 착 감기는 김치를 먹으며 한참 나이 어린 동서를 거짓 없이 우러렀다. 생각해 보니 그는 갓 시집온 그해 명절에도 부엌에 별로 낯을 가리지 않았다. 요즈음도 그런 것 같더라만 입맛이 담백한 그가 기름진 명절 음식을 가렸다. 가리는 데는 내 솜씨 없음도 한몫 보탰을 터. 어느샌가 냉동실에서 찹쌀가루 뭉텅이를 찾아내고는 "형님, 나 찹쌀부꾸미 부쳐 먹어도 되죠?" 처음으로 '형님' 하며 나를 불렀다. 그때 화안한 모습이 잊히지 않을 만하게 떠오른다.

부엌과 낯가림이 없다는 것은 음식 솜씨가 만만하다는 뜻이다. 음식 만들기에 주저함이 없다는 것이다. 그것은 어디서든 드러나기 마련이다. 요샛말로 짱 먹는 일이다. TV에 나온 그 연예인은 말하기를, 음식 솜씨 좋은 며느리가 시집오더니만 단번에 부엌을 장악하더란다. 그러하니 여태도 부엌에 낯을 가리는 내가 짱 먹을 일일랑 없어 보인다. 야무지게 딸을 키워낸 시누이에게, 맛이 혀에 착 감기게 김치를 담그는 동서에게, 손맛 좋은 뉘게라도 부엌 짱을 내줄 뿐이다.

부엌에 낯설었던 시절의 전설 같은 이야기, 아직도 잊히지 않는 지인들의 이야기가 있다. 큰맘 먹고 사 온 게가 빨리 죽지 않아서 남편과 둘이 숟가락으로 게를 때렸다는 이야기. 끓는 물에 삶은 낙지를 건져내어서는 찬물에다 바락바락 주물러 껍질을 벗겼다는 이야기. 산후 보양으로 곤 가물치의 진액은 다 부어버리고 흐물흐물한 가물치 살을 젓가락으로 뜯어먹었다는 이야기. 주택 화단에다 무를 거꾸로 무청을 땅속에 묻어두었다는 이야기. 그랬던 그들 모두가 이제는 부엌의 대가가 되어 있다.

부엌이라는 말이 가진 함의 중 으뜸은 밥상이다. 우리네 어머니들은 실로 무한한 밥상을 부엌에서 차려낸다. 몸 푼 며느리를 위하여 첫국밥을 내왔고, 친정 나들이 온 딸을 위해 더운 밥상을 차렸고, 입대하는 아들 앞에, 새벽차를 타고 떠나는 남편 앞에 간절함을 담아 밥상을 차려냈다. 그 밥상에 얹힌 것이 무엇이든지 먹는 순간 이미 소울푸드가 된다. Soul Food, 미국 남부의 아프리카계 흑인 전통 음식을 일컫던 그 말이 요즘에 와서는 어린 시절의 음식, 추억의 음식, 위로가 되는 음식, 영혼을 감싸는 음식 등으로 또 다른 카테고리를 만들어 간다. '내가 먹는 음식은 제2의 자아이며 내 존재이다' 어느 철학자의 말이 가슴에 딱 와닿는다.

《잃어버린 시간을 찾아서》의 마르셀 프루스트는, 보리수 차에 적신 마들렌 과자 맛이 유년기의 추억을 불러일으켜 행복한 기분이 들었다고 했다. 기억을 연구하는 학자들은 이를 두고 '프루스트 현상'이라고 부른다. 심리학자들의 주장으로는 인간의 미각은 이미 엄마 뱃속에서 각인된다고 한다. 양수를 통해 엄마가 가진 식습관과 선호 음식을 얼마간 받아들인다는 것이다.

《전생에 나는 수라간 상궁이었을라》의 신서영 수필가는 입덧하는 며느리가 짠하여, 속이 노랗게 오글오글 들어찬 배추와 사철 땅 기운을 받고 자란 뿌리채소들을 사고, 시조모님이 쓰시던 무쇠 칼과 소나무 도마를 꺼내어 고기를 다듬으며 머잖아 태어날 손녀 생각으로 행복해하면서 육개장을 끓였다 한다. 그가 며느리에게 보낸 음식의 상서로운 기운은 태중의 손녀에게까지 그대로 전해졌으리라.

며느리의 부엌과 만날 날이 가까워진다. 둘째를 낳고 산후조리원에 있는 동안 제 엄마와 떨어져 있을 첫째를 돌보러 간다. 내 아들과 함께 보낼 시간이 기다려진다. 소울푸드라 하기는 낯짝 부끄럽다만 아들이 그나마 한 가지 들먹여주는 게 하필이면 호박이다. 호박과 아들과 손녀와 함께 잠시 그 예전으로 돌아가 볼거나. 곱게 채 썰어서 다진 새우와 함께 볶은 파릇한 호박나물, 씹히는 맛이 괜찮은 애호박전, 풋호박 얄팍하게 삐져 넣은 수제비, 듬뿍 넣어 된장국도 끓이고, 내친김에 곱게 갈아서 단호박죽도 끓일까. 아껴먹는 호박오가리찹쌀팥시루떡도 빠뜨리지 말고 갖고 가야 해. 아무쪼록 며느리의 부엌과 친해져야만 하는데 말이다.

－《좋은수필》 2020. 9

"오빠는 괜찮아요."

 며느리가 산후조리원에 있는 동안 첫째를 돌보러 와줄 수 있겠느냐는 아들의 부탁에 기꺼이 그러마고 했다. 할머니가 되어도 손녀 한번 안아보기에 감질까지 날 판인데 수고랄 게 뭐 있겠느냐고 답했다. 두 번의 출산에도 아무런 도움을 못 준 시어머니라는 서운함이 없기를 바라는 마음도 함께이다. 내심에는 아들과 함께 지낼 설렘이 더했다.
 아무렴, 친정엄마가 사위만 있는 딸 집에서 외손녀 돌보기란 그리 여의한 일은 아니니 어쩌면야 시어머니가 며느리 집에 있을 합당한 상황이기도 하다. 아들 집으로 오는 내내 며칠 전 읽은 한 수필가의 글을 짚어 떠올렸다.

새집에 처음 온 시어머니는 현관을 들어서자 곧장 안방으로 가더니 방바닥을 닦아내듯 온몸으로 뒹굴었다. 아들 집에 있을지도 모를 나쁜 기운을 당신 몸에 묻혀 가겠노라 한다.

그 수필가의 글에서처럼 나도 아들의 새집이 처음이다. 마음인들, 집에 들어서자마자 얼른 방바닥에 몸을 굴리는 것 못지않으랴마는 그냥 하던 속 그대로 기도했을 뿐이다. 아들을 위해서라면, 예수쟁이인 나도 저렇듯 금방 보일 몸짓으로 간절함을 호소하고 싶을 때가 있다.

일부러 자동차를 타고 오면서까지 싣고 온 짐을 풀었다. 한 꾸러미씩 풀 때마다 별수 없이 내 이기 한 가지씩을 며느리에게 내보이고 만다. 베개를 풀었다. 어쩌다 병원에 입원할 때도 휴가를 떠날 때도 따로 베개를 챙기는 별난 시어머니를 들킨다. 내가 마실 커피를 꺼내고 내가 먹을 치즈를 냉장고에 넣고 몇 가지 식품 보충제 통들을 줄느런히 놓았다. 내 눈에도 밉상이긴 하다.

이번에는 먹거리를 풀었다. 아들이 중학생 때부터 먹던 군입거리 팬케이크는 재래시장에서만 판다. 언니가 담근 김치, 교회 권사님이 끓인 전복죽, 시골집에서 꾸덕하게 말린 생선… 등속은 다 아들네에 간다고 보내준 것들이다.

대강 짐이 정리되는 것을 기다리던 며느리는 이제부터 내가 손녀를 돌보는데 알아야 할 것, 해야 할 것들을 꺼내 보였다. 돋보기 안에서도 두 눈을 부릅떠야 보이는 글자들이 A4 종이에 빼곡하게 적혀 있다. 요일별로 시간별로, 주식 따로 간식 따로, 버릇과 취향까지. 그것들은 내가 여기에 왜 왔는가, 잠시 헷갈렸던 원래의 목적을 단단히 일렀다. 어느새 아들은 손녀보다 뒤로 가서 줄을 선다. 그때였다. 이제껏 시어머니 속마음을 싹 훑었다는 듯 며느리의 야무진 말마디가 부엌 바닥에 좍 깔렸다.

"오빠는 괜찮아요. 록사만 신경 써 주세요."

그렇다. 내 며느리도 이제는 엄마다.

― 《수필과비평》 2020. 8

핏줄

갓 태어난 손녀는 첫눈에 제 어미를 닮았다. 며칠 후에는 반드러운 얼굴선이며 아이한테서도 보이는 함초롬한 분위기가 제 외할머니까지 닮아있다. 소위 외탁을 한 것이다. 나는 거짓 없이 흡족했다.

딱히 밉단 말을 들은 기억은 없지만 처진 눈, 툭진 볼살, 짱구와 곱슬머리의 내 얼굴이 내 맘에 안 들었다. 거기다가 쓸데없이 튼튼한 다리통도 영 못마땅했다. 큰아들이 그만 나를 닮았다. 예닐곱 살이었나, 아들을 목욕시키던 남편이 너 꼭 엄마 닮았다고 하니 "아빠, 엄마를 목욕시켜 봤어요?" 하더란다. 막연히 나와는 다른 생김새에 호감이 가곤 했다. 그러니 외까풀의 가늘가늘 초강초강한 며느리가 내 맘에 든 것은 당연하다.

 못 본 사이 훌쩍 자란 손녀는 낯이 선 할머니 앞에서 잠시 쭈뼛거렸으나 이내 표정을 풀고 안겨 왔다. 살빛 뽀얀 아이가 품에 아름지니 아이의 온기가 번져 훔훔하다. 까마득히 잊고 있던 아기 냄새 젖 냄새에 숨조차 가빠온다. 얼굴을 마주 가까이 갓맑은 손녀의 눈과 마주쳤다. 툭, 심장이 제자리 뜀뛰기를 하더니 바삐 피돌기를 한다. 별안간에 뜬금없는 짠함이 함께 혈관을 타고 전신으로 번진다. 딱, 제 아비 눈이 저랬다. 눈꼬리 처진 짝짝이 눈 안의 찰랑한 장난기까지도. 눈망울은 하도 똘망똘망하여 큰 눈은 더 짝짝이로 보였다. "너 짝짝이 눈이네." 누가 마음에 두어 한 말은 아니지만 아들은 그 말이 싫었던 모양이다. 제발 한쪽 눈 쌍꺼풀을 풀어 달라 떼를 쓰곤 했다. 여기쯤에서 들먹이자면, 실상은 그 나이 때의 내 눈도 짝짝이였다.

 유년의 나는 예쁘다는 말 대신에 딴말을 더 들었던 것 같다. 예쁘다는 말이 고팠던 탓일까. 외모에 관한 몇몇 일화는 방금인 양 생생하다. 짱구와 곱슬머리 그리고 짝짝이 눈 때문이었다. 언니들은 내 머리를 빗겨줄 때마다 뒤통수를 쥐어박았다. 가르마가 반듯하지도 않고 머리를 묶어도 태가 안 난다는 것이다. 여자애는 꼭뒤가 납작해야 쌍갈래 머리가 예쁜 시절이었다.

 "튀기같이 생겼네." 심부름이었던지 한 날 교무실에 간

나를 보고 그렇게 말했던 선생님의 이름까지 기억난다. 오빠한테서 튀기의 말뜻을 들은 엄마는 당장 달려가서 멱살이라도 잡을 기세였다. "선생이 애한테 무슨 그런 말을 하느냐!" 행여 그 선생님을 또 마주칠까 겁났다. 내 짝짝이 눈은 중학교 때의 흑백 사진이 마지막 기록이다. 막 멋을 내기 시작한 언니가 짝짝이 눈의 외까풀에다 스카치테이프를 오려 붙여서 쌍꺼풀을 만들었다. 아침에 눈 뜨자마자 붙이든지 아예 붙여서 재우기도 했다. 어느 날부터는 테이프를 붙이지 않아도 쌍꺼풀이 되었다. 거짓말처럼 그때부터 내 눈은 쌍꺼풀진 눈이다.

─얽둑배기 왼손잡이인 허생원은 단 한 번의 첫 일을 잊을 수는 없다. 뒤에도 처음에도 없는 괴이한 인연이었다.
어머니는 달도 차지 않은 아이를 낳고 집에서 쫓겨났죠.
그래, 모친은 아비를 찾지는 않는 눈치지?
늘 한번 만나고 싶다고는 하는데요.
동이의 탐탁한 등어리가 뼈에 사무쳐 따뜻하다. 좀 더 업혔으면 하였다.
오랫동안 어둑시니같이 눈이 어둡던 허생원도 요번만은 동이의 왼손잡이가 눈에 띄지 않을 수 없었다.

―M은 어린애를 왼편 팔로 가까이 옮겨 붙안으면서 오른팔로 제 양말을 벗었습니다.

내 발가락 보게.

내 발가락은 남의 발가락과 달라서 가운데 발가락이 그중 길어.

쉽지 않은 발가락이야. 근데….

M은 강보를 들치고 어린애의 발을 가만히 꺼내어 놓았습니다.

이놈의 발가락 보게. 꼭 내 발가락 아닌가. 닮았거든….

새삼스럽게 가즈러운 척 핏줄을 논하기야 하겠느냐마는 핏줄이란 때로 그렇게 절박한 것이다. 《메밀꽃 필 무렵》의 허생원이 자신의 "아이 하나 후릴 수 없는 왼손잡이"를 닮은 동이에게서 핏줄을 느끼고는 "걸음도 해깝앗"던 것처럼. 《발가락이 닮았다》의 M이 의사 앞에서 양말을 벗고는 기어코 발가락 닮은 것을 증명해 보이는 것처럼. 내가 손녀의 짝짝이 눈과 마주하는 순간의 뜬금없는 짠함도 핏줄에 대한 또 한 가지 절박한 공감이다. 그 공감이 하필이면 짠함이었는지.

최근에 류근 시인의 《상처적 체질》 시집을 받아 들고는 전율했다. "상처는 내가 바라보는 세월"이라며 위태했던 나의 성정에다 단 한 줄로 정의를 내려버린 시인의 말이다. 오랫동안 정체를 숨겨왔던 마침한 말이다. 내 아들과 내 손녀의 짝짝이 눈에서 나와 잇대진 상처적 체질이 어룽거린 것이다. 덧나다 아물다 옹이라도 질까 그런 상처가 알른거린 탓이다. 실체도 없는 상처와 대면하는 짠함이 혈관을 타고 전신으로 번진 까닭이다. 다만 이렇듯 감당 못 할 짠함이야말로 핏줄에 대한 나의 은유이리라.

— 《수필과비평》 2021. 5

침묵

 때로는 침묵이 말보다 더한 질책이 된다. 그날의 그들이 그랬다. 분명 내 수필집을 읽었을 것이나 더는 아무 말을 안 했다. 새무룩한 표정만이 한눈에 읽혔다. 그들의 침묵을 보고도 전혀 아무렇지 않았다면 순 거짓말이다. 한동안은 그날의 어색했던 기류가 불뚝불뚝 떠올라 마음이 편치 않았다. 터분하고 또한 오래 서운했다. 이렇게 심혼이 살난스러울 때는 자동차를 몰고 팽하니 밖으로 나가거나 옛 시골집 장판지처럼 누렇게 변색한 책들을 꺼내 본다. 나는 후자를 택했다.

 이순원 소설가는 가족사를 담은 《수색, 그 물빛 무늬》를 내고 잠시 아버지와 불편했던 마음을 《아들과 함께 걷는 길》에 적었다. 어디선가 읽었던 신달자 시인의 글도 아슴하다. "하도 시어머니 흉을 글로 써서 천둥 번개 치는 밤이면 벼락이라도 맞을까 밖에 나가기가 두려웠다."고 쓴.

때마침 배달된 수필 문예지를 읽다가 한 작가의 글에 눈이 멈췄다.

> 생전에 며느리와 사이가 좋지 않던 문우 친정어머니가 돌아가시면서 서랍에 일기장을 남겼다. 며느리에 대한 불만을 기록한 것 같아 일기장을 읽지 않고 간직했단다. 말년에는 건강이 좋지 않아 일기장을 불에 태웠다고 한다. 처음에는 그 얘기를 듣고 의아한 생각이 들었다. 그래도 그렇지, 따님이 무슨 내용인지 알아야 하지 않을까? 뒤늦게 깨달았다. 문우의 생각이 지혜로웠다. 공연히 집안에 분란을 일으키기 싫었던 게다.

쿵, 십자가에 매달린 예수님의 손에다 못 박는 소리를 듣는다면 이럴까. 글을 읽다 말고 두 팔을 엇걸어 가슴을 안아서라도 우둔거리는 심장을 붙들어야만 했다. 보도시, 숨쉬기가 찬찬해졌다. 내가 쓴 글들이 다 서느렇다. 며느리인 나에게는 소창했던 글이 딸인 그들에게는 우비는 글이 되었음이다. 이미 모녀간에는 좋았던 기억만 편집하고 나머지는 다 폐기했을 게 당연한 것을, 굳이 이르집어서 탈

침묵 33

을 만들 일이야. 그들과의 추억을 떠올리자면 정말이지 트로트 가사 그대로이다. '나쁜 날보다 좋은 날들이 왜 그리도 많고 많은지.' 어쩌면 그들의 침묵은 나에 대한 예우였는지도 모른다. 나의 울결을 위로한다고 여기던 글쓰기가 또한 나의 매욱스러움을 엄히 나무란다. 삶의 지혜가 뭉근한 그 수필가의 글을 내 수필 쓰기의 전범에 추가할 일이다.

본디 인간의 기억이란 불확실하기가 더 쉽다. 좋든 궂든 개인의 감정을 포장한 것으로 얼마든지 각색하고 편집할 수 있다. 그러니 사람마다 각각 다른 판본이 존재한다. 심리학에서는 기억의 구조와 회로가 스키마schema 형태로 입력 저장되기 때문에 이들의 변형으로 인한 기억의 왜곡 현상이 생긴다고 한다. '라쇼몽 효과'란 말도 있지 않은가.

《라쇼몽羅生門》은 아쿠타카와 류노스케의 소설이며 명장 구로사와 아키라가 영화로 만들어 더 유명하다. 사무라이 부부가 숲길을 지나던 중 도적을 만나 아내는 겁탈당하고 사무라이는 죽임을 당한 사건에 대하여 제각각 그 진술이 다르다. 도적은, 자신이 무사 남편을 살해한 것은 맞지만 무사 아내의 요구 때문이었다고 한다. 사무라이 부인은, 도적이 사라진 후 남편의 눈빛에서 자신을 향한 경멸을 느껴 찔러 죽였다고 한다. 영매사가 말하기를, 사무라이는 아내가 강도에게 같이 도망치자고 해서 치욕감에 자살했다고 한다. 사건을 신고했던 나무꾼은, 사무라이의 아내가 남편과 강도 모두에게 남자답지 못하다고 모욕하자 남편이 도적과 결투하다 죽었다고 말한다.

그리하여 '라쇼몽 효과'란 한 사건을 두고 서로 다른 입장에서 해석하고 인식하는 현상을 이르는 말로, 자신이 기억하고 싶은 것만 골라서 기억한다는 취사선택 기억의 의미로도 쓰인다.

아무려면 내 기억은 다만 나의 것, 내 시간의 축적이고 내 존재의 해석일 뿐 그들과의 공유는 애초부터 불가능했다. 이미 지나간 궂은날들을 가위로 오려낼 수도 없는 것, 한 번 힐끗 뒤돌아본 뒤에는 휘발성 없는 글로라도 마저 침묵할 일이다.

> 사람들은 기억을 왜곡하고 재구성하지 않으면 견딜 수 없을 것이다. 기억이 불완전할수록 행복해질 수 있는 것은 불편한 진실이다.

어디선가 읽은 글이다. 글을 옮겨적는 내 기억은 확실한지.

―《바람길의 민들레》 2021

수비토의 언어

생을 위하여 저마다 맞춤처럼 직조한 악보를 가진다면 거기에다 친절한 지휘자까지 동행한다면, 문밖의 바람처럼 쓸쓸할 일도 늦가을 마른 낙엽처럼 머뭇거릴 일도 잘못 탄 기차처럼 아뜩할 일도 없으리라.

성가 연습이 한창이었다. 지휘자는 그만한 것도 없이 조용하게 누구에게라 할 것도 없이 막연하게 말을 잇는다.

"수비토subito는 '갑자기'란 뜻으로 수비토 포르테forte, 수비토 피아노piano 등이 있어요."

나는 화들짝 상황을 파악하고는 종이컵을 들어 커피 한 모금을 마시며 분별과 민망함의 마른 입술을 축였다. 열 가지 음을 다 가려듣는 지휘자가 나를 이르는구나!

대체로 헤아려 보아 어떤 관계가 좋다는 것은 서로 의사소통이 잘된다는 것이다. 의사소통의 기본적인 도구는 언어이다. 그러므로 생의 모든 관계는 언어로부터 시작하여 언어로 끝을 맺는 일이겠다. 마땅히 지휘자와 성가대와 나, 더하여서 교회와의 관계를 이어가는 언어 또한 선정한 악보에 맞게, 지시하는 악상을 따라 잘 연주한 노래이다. 혹 '메라비언의 법칙'을 들먹여본다면, 의사소통에는 전하고자 하는 내용, 즉 언어적 요소보다 비언어적 요소가 차지하는 부분이 월등하다. 그중에 으뜸이 목소리라 하니 역설적으로 성가곡의 가사가 전달하는 언어보다 성가대의 목소리로 전하는 언어가 우위임은 이미 당연한 사실이다. 누구이든 목소리 결을 염두에 두어 챙길 이유이기도 하다.

언어가 겉돌면 몸도 마음도 멀찍해진다. 언어에는 언어를 품은 사람의 온기가 있기 때문이다. 어떤 언어가 저만큼 나앉은 관계의 거리를 당겨줄까. 한낮의 눈부심을 다독이고 색 바랜 추억을 본디의 색으로 복원할까. 꺼끌한 베옷 같은 마음을 잿물에 삶아낸 듯 연하게 풀어 줄까. 오래 고르지 않고 얼른 입어도 잘 맞는 겉옷처럼, 발의 존재조차 잊은 듯 편안한 신발처럼 그런 언어는 없을까. 생의 위태한 한순간을 신묘하게 돋우고 정물처럼 재우는 수비토 같은 언어가 있긴 할까.

사시사철 브릴란테brillante…, 구족하여 눈이 부시게 찬란한 그를 방문한 날이다. 하늘 가까이 너른 정원이 만화방창하다. 그의 목을 두른 명품 로고 머플러의 꽃도 만개했다. 현관에 들어서자 한쪽 구석의 구겨진 구두에 내 시선이 언뜻 머문다. 나는 딱 한 켤레 있는 저 브랜드의 구두를 고이 모셔 둔다. 차를 따르는 그의 손목이 휘황하다. 어버이날에 딸이 선물했다는 팔찌는 이름이 낯설어서 읊지도 못하겠네. 그는 만날 때마다 한복 치마폭처럼 넉넉한 애정과 들꽃잎 같은 섬세함으로 나의 안부를 살핀다. 그것은 단연코 그의 온 마음이며 명백한 공감화법이다.

나는 틈틈이 카프리치오소capriccioso…, 난데없이 북적이고 쓸데없이 정직한 것까지도 자주 탈을 낸다.

"허구한 날 돋보기 걸치고 컴퓨터 앞에 앉아 남의 글 틀린 글자 잡아내거나 글 한 편을 쓰느라 탈모의 위협을 무릅쓴다."

내 말이 끝난 뒤의 짧은 적막을 나만 느꼈던 것일까. 그의 말이 마르카토marcato…, 한 자 한 자 또박또박 들렸다.

"얼. 마. 받. 노?"

도대체 나는 지금 어떤 언어로 대답이라는 걸 하고 있나. 내 입술 언어의 향방도 모른 채 내 머릿속 언어는 이미 페이드 아웃fade out…, 차츰 미력해지더니 어느 순간 깜빡 스러졌다. 다시 얼마간의 침묵, 그것은 온전한 나만의 침묵. 그러고는 이내 알아차린다. 제아무리 요란스럽던 생의 회오리도 지난 후에 돌아보면 다 허상이 되는 것을. 허상을 오래 붙드는 것은 누추한 일이다. 바람벽에 부딪는 언어의 회오리를 온몸으로 견뎌본 사람들은 그걸 안다. 지워도 남은 흔적일랑은 혼자 가만히 묻을 일이다.

이윽고 관계는 다시 아 템포a tempo…, 내 안에 숨어있을 정연한 이성을 불러 내리라. 등이 곧은 자세로 고쳐 앉고 평범의 낯빛과 보통의 박동을 도로 찾아서 원래의 언어로 돌아가리라. 헤싱헤싱 성긴 올 사이사이에 꽃동산 같은 이야기를 채우리라. 정녕 아무 일 없었던 듯.

오래전 그때 나의 언어가 수비토 포르테… 선연하게, 미욱한 그대로 더 솔직하게 좀 더 아찔하였다면 이은 인연이 되었을까. 만고에 한갓되다.

아무렴 그날 그 순간의 내 언어가 수비토 피아노…, 딱 한 발만 뒷걸음을 디뎠거나 맨 처음처럼 잠잠하였거나 그보다도 오래 아껴둔 자비를 베풀었다면 지금의 날들이 덜 건조할까.

놓친 수비토 그 절묘한 순간의 언어가 묘묘해지는 계절, 시나브로 장미가 시든다.

-《에세이포레》 2023. 가을
-《선수필》 2024. 봄

인연, 벚꽃 여인

 스무 살부터 쟁여온 수다 뭉텅이의 어느 귀퉁이를 쑤셔도 한나절 수다거리는 족히 쏟아진다. 요즘이야 수다를 두고 비생산적이니 소모적이니 흘기는 시선도 없을뿐더러 오히려 미학으로까지 주어올리기도 하지만, 수다에 무슨 유려한 언어나 세련된 구성이란 원초적으로 존재하지 않는다. 그래야만 온전한 수다이다. 어떻든지 간에 동창들의 수다에는 범접 못 할 우리만의 사관이 있다.
 청바지 입던 청춘을 불러내어 한바탕 까르륵거리다가도 매캐했던 한 시대를 들먹이며 공분한다. 쫓기는 대학생을 환자복으로 갈아입혀 숨겼던 이야기, 그 시대만의 용어인 불온한 책 금서禁書를 읽던 동료를 주방 아줌마 옷으로 갈아입혀 빼돌렸던 이야기들이다. 오래 가려두었던 실연의 뒷이야기, 낭패스럽던 시집살이의 푸념쯤이야 이제는 아무렇지 않다. 어진 아들딸들을 키워내고, 그리 애달프게 사랑할 거리도 없어진 남편을 가여워하며, 손주 이야기에는 소녀처럼 들뜨고 마는, 누가 뭐라 안 해도 응당 우리의 예순은 꽃만 같다.

그중에 그녀를 '벚꽃 여인'이라 혼자서만 부르기로 한다. 벚꽃이 피면 벚꽃을 찾아 벚꽃에 취해 연락조차 두절되는 벚꽃 여인. 꽃잎 몇 장 선심 쓰듯 교토 어디쯤의 벚꽃을 찍어 보내기도, 이국의 어느 카페에 앉아 분분한 벚꽃 소식을 적어 보내기도, 그렇게 아껴 보낸 벚꽃 두어 잎은 내 첫 수필집 표지가 되었고. 팬데믹으로 여행이 금지된 그해에는 옛 동해남부선 철로의 수양벚꽃이라도 보여주었으니 말이다.

그녀와 나의 사십여 년 접점은 완만한 구릉을 이루며 끝없다. 그 길 따라서 걷다 보면 맨얼굴 말간 청춘의 순간들을 만난다. 겉여문 척 살아내느라 목울대 뻐근했던 젊은 날들이 스친다. 뜨문뜨문 버들가지 드리워진 샘이 있고 거기 그녀가 표주박을 들고 서 있다. 나는 설화에 나오는 장수처럼 버들잎 띄워 건넨 표주박 물을 마시곤 한다. 한 모금의 물은 한 켜의 슬픔을 희석하고 뻐근한 목울대를 훑어내려 다독인다. 마땅히 맡겨진 삶을 추슬러 다시 걷는다. 그리하여 머잖은 날 궁극에 가닿을 것이고 무한의 폭에다 그린 풍경, 인연의 겁劫으로 채색된 절경과 조우할 것이다.

  그녀는 기억할까. 이 도시에 낯가리고 촌티 났던 나에게 공중전화 거는 법을 가르쳤다는 걸. 내 결혼식에 은빛 여우 목도리를 두르고 왔던 것. 한눈에도 확 띄는 미모를 두고 수군거리던 중 누군가가 더는 궁금증을 못 참고 내 귀에다 대고 저 사람이 누구냐며 물었던 것을.

  동창 모임이 편하고 매끄럽고 풍성한 것은 순전히 그녀 때문이다. 모임일랑은 까마득히 잊고 사는 무심한 우리를 때맞춰 깨워 알리고, 한 사람씩 일일이 형편을 물어 날짜와 시간을 조율하고, 매번 다른 장소를 골라 사전답사를 거치고, 모임의 내용에 따라 차림과 날씨까지 더덜없이 알린다. 운동화나 편한 신발 신을 것, 우산 양산을 챙겨 올 것, 물은 각자 갖고 오고 간식은 내가 준비해 갈게. 우리는 그녀가 지시하는 대로 적어주는 대로 딱 그대로만 하면 만사 완벽이다. 그녀의 그런 결결함을 두고 누군가가 한두 번쯤 군담을 한 것도 같으나, 마침 내일 모임을 알리는 톡을 여기에 옮겨 보임으로 나머지 모든 것들은 미루어 싹 다 설명되리라.

    내일 11시 10분 동부산 롯데메종 스타벅스 앞에서 만
    남. '선'과 '기'는 10시 27분에 동해선 교대역 탑승 오시

리아 역 하차. '기'는 집 앞에서 179번 버스 타고 교대역에 내려서 동해선 탈 것, 버스 이동시간 약 30분 소요. '나'는 센텀 역에서 10시 37분에 탑승. '란'은 10시 55분경 오시리아 역에서 세 명 픽업. '은'은 동부산 롯데아울렛 맞은편 롯데메종으로 바로 올 것.

절정의 봄 한날 오후였다. 염두에 없던 일로 그의 병원을 찾았다. 의사 가운을 입고 진료실에 앉은 그를 본 것은 젊은 시절 말고는 처음이다.
"교토에 세컨드 하우스라도 있나 봐요?"
"거기를 그렇게 좋아하더라구요."
젊었던 그때나 지금이나 사람 좋은 웃음으로 맞고, 은발의 지금이나 그때나 대화는 긍정의 단문이다. 문득 궁금했다. 그는 알고 있을까. 그녀가 그토록 자주 벚꽃 피는 교토에 가는 이유를. 나이순으로 미루어 그가 먼저 떠난다면 그를 추억할 장소가 거기라는 것을….
집으로 오는 길, 어둠자락 덮는 저녁거리에 한줄금 벚꽃비 내린다. 인연비가 내린다.

—《수필과비평》 2021. 12

미스 에세이 그녀

 수필 수업이 있던 날, 입주민 미팅 때 만나 알고 지내는 주민을 승강기 안에서 마주쳤다.
 "요새도 글쓰세요?"
 "네, 가끔."
 "글쓴다는 사람이 많네. 저 옆 동에 누구도 시 쓴다던데."
 그 순간 최아란 수필가의 〈작가 스무 명〉을 떠올렸다.
 '아아. 입주민 중에서 시인인 분들은 지금 일층으로 내려와 주시기 바랍니다. 하니 열 명이 모이더란다. 수필작가분 모이라 하면 스무여 명 될 거란다.'
 그래도 그 정도는 점잖은 축에 속한다.
 "요새 누가 남의 수필집 읽나요?"

"시간이 아까워서 수필은 잘 안 읽어."
"수필도 일기인데 남의 일기 읽고 싶을까요?"
"수필보다 에세이라고 해야 먹혀들지 않겠어요?"
"수필 그거 그냥 붓 가는 대로 쓰면 되는 거 아닌가요?"

십여 년 수필을 쓰다 보니 실제로 들은 말들이 이렇다. 어떤 이는 대놓고, 어느 분은 에둘러서, 그 누구는 묵묵함으로 했을 뿐 전부가 다 거침없는 일침이다. 하긴 '시집은 시인만 읽고 수필집은 수필가만 읽는다.'는 자조의 말도 있다더라만. 이런 순간을 두고 수필가 전미란은 "수필을 쓰고 있는 내 뺨을 사정없이 때리는 동시에 문학의 뺨을 후려치는 것 같았다."라고 표현했다.

언젠가 방송에서 들은 유명 탤런트의 지난 이야기이다. 연속극 녹화를 끝내고 집으로 가는데 뒤에서 연기 못한다고 비아냥대는 말이 들려 젊은 혈기에 휙 돌아서서는 "그럼 당신이 해 보세요."라고 쏘아붙였단다.

수필을 쓰는 작가들은 감불생심, 그 유명 탤런트처럼 하지 못한다. 전미란 수필가처럼 자존심에 상처받기 싫어 태연하게 다만 미소 지을 뿐이다. 그러고는 수필 앞에 납죽하게 조아린다. 수필가는 그런다.

문단의 끄트머리 구석자리나마 미미하게 수필가로 사는 동안 뜻밖으로 좀 서운한 경험이 있다. 수필을 평하거나 가르치면서도 정작으로 수필과 수필가의 자존을 세워주는 일에는 여전히 인색한 문인을 본다는 것이다. 그들은 대학에서 인문학을 전공했거나 지면을 가득 채울 화려한 프로필을 가졌거나 시인이거나 소설가이거나 평론가이거나 하다. 말과 글의 어디쯤에는 대학에 따로 수필 전공이 없다는 것으로 수필의 처소를 애매하게 규정하고, 유명 일간지의 신춘문예가 수필을 제외한다는 걸 기어이 각인시키며, 수필이 주변문학으로 내쳐진다면 반드시 그 원인을 수필가에 돌려 나무라고, 수필 품격 하향의 엄중한 죄를 여성 수필가에게 덧씌우곤 한다. 그런 현상이 전혀 틀리지 않는 것도 맞고 그럼에도 불구하고 몹시 서운한 것도 맞다. 그보다 더 엄연하고 냉혹한 현실은 대부분의 수필가들이 그들에게 수필을 배우며 쓴 글을 그들에게 평가받는 그것이다.

그는 수필가로서의 내 자존감을 투사하고 싶은 수필작가들 중 한 사람이다. 수필에 대한 그의 자존감은 돌덩이처럼 딴딴하다. 강강하고 고집스럽다. 설령 누군가 수필을 두고 여기餘技문학이라, 더하여서 딜레탕티슴dilettantism 문학이라 제친다 한들 한 치 아랑곳없다.

"스포츠 여행 사진 그림…, 돈이 만들어주는 취미는 많아요. 글쓰기는 절대로 돈으로는 안 되죠."

이 말이 그에게 글쓰기의 독존이라면 수필의 변은 따로 있다.

"나는 소설처럼 긴 마라톤을 할 지구력도 없었고 섬광처럼 파득이는 시 쓰기도 자신이 없었다. 무엇보다 마음을 보듬어주는 수필의 매력에 끌렸다. 대책 없이 튈 것 같은 내 방황을 진솔하고 조심스러운 문장이 적당히 조여 줄 것 같았다."

그런 그는 오로지 수필을 연단하고 수필만을 벼린다. 어떤 이는 그의 연단한 수필을 읽다가 그만 자신이 쓴 글을 지워버렸다고도 하고, 누군가는 그의 벼린 수필을 읽다가 얼른 그의 문하로 걸어갔다고도 했다.

그가 수필집의 제목으로 쓴 '미스 에세이'가 놓치다, 빗나가다, 어긋나다, 허방을 짚다, 더하여서 그립다 등으로 다의적인 표현을 입혔다고는 하지만 나는 '미스 에세이'를 '미스코리아' 급으로 해석한다. 미스코리아 미스월드 미스춘향…처럼 그는 단연 미스 에세이다.

《미스 에세이》(김정화 수필집)의 서문처럼 그의 인생에 다시 설레는 일이 생기기를 바란다. 허락 없이도 설레는 그 일을 감히 단정 짓는다. 몽환의 《미스 에세이》 표지처럼 연보라색 너울을 쓰고 은색 귀걸이와 붉은 연지, 손으로는 설레는 가슴을 다독여 다소곳이 누군가의 앞에 서서 그윽하게 마주보는 그것이다. 미스 에세이 그녀.

-《부산수필문예》 2023. 봄

전구지부침개와 서대

철 늦은 억수비가 멎었다. 거실 창을 열어 창턱에 고인 빗물을 닦는데 어디서 전 굽는 냄새가 꿉꿉한 바람을 타고 들었다. 그냥 지나칠 수 없는 훈감한 유혹이다. 냉동실을 뒤적였다. 여름 휴가차 시골집에 다녀올 때 큰올케언니가 챙겨 준 반찬 꾸러미들, 꽁꽁 얼어붙은 둥글넓적 전구지부침개가 넉 장이나 된다. 남은 부침개를 다 싸 준 모양이다. 질녀의 남자친구가 좋아한다며 한 장 남겨둔다더니만.

올케언니한테 먼저 전화를 걸어 본 기억이 별로 없다. 여든의 시골 노인 전화를 받기만 한다. 부재중 전화를 싹 없이 건너버릴 때도 있었다. 웬만한 소식들은 다 지근거리에 사는 넷째 언니를 거친다. 그럴 만한 딴 이유는 없다. 그저 좀 얼쯤할 뿐이다. 만고에 철딱서니 없었던 나를 아는 때문이고, 그런 나에게 뭔가를 빚진 듯 짠해하는 그를 알아서다. 그러나 오늘만은 지체없이 먼저 전화했다.

"부침개 남은 거 다 싸 보냈네요. 누구 준다더니."

"전구지야 또 베다 부치면 되고. 잘 먹어서 내사 고맙제."

"내가 부치면 그 맛이 안 나서…."

"별기 있것나. 개발(바지락) 많이 넣고 방아가 들어서 그렇것제."

해마다 그맘때의 시골집은 여름휴가를 위해 사방에서 모여든 큰오빠네 자녀들과 그 자녀들과 또 그 자녀들로 북적하다. 스무 명이 족히 넘는다. 나는 퇴직한 뒤부터 엎혀 다녔는데 올케언니는 나와의 동행을 누구보다도 반겼다. 작은 섬의 폐교를 통째 사용했던 그해 여름이 생생하다. 내 나이 든 언니들이 함께 올케언니의 놀이동무가 되었던 까닭도 있다. 조수간만의 물때를 따라 물놀이와 고둥 줍기와 바다낚시 등. 꼬맹이들에게도 초릿대를 쥐여주어 낚시의 손맛을 알게 했다. 나름 '꾼'들은 보트를 타고 멀리 나가서 언니들의 애를 태웠다. 만조가 되면 운동장 끝에서부터 바다가 이어진다. 학교가 그만 바다에 떠 있다. 누군가 그 바다에 떠 있는 문어를 봤다던가 잡았다던가. 간조의 물 빠지는 광경을 직접 보지 않는 담에는 거짓말이라 하지 않을까. 어느 순간 저쯤 바다에 떠 있던 섬으로 길이 나고, 바닷물이 갈리어 엑소더스를 했다는 성경의 옛 민족처럼 모두 함께 노두를 걸어 섬에서 섬으로 갔다.

그런 휴가에서 뺄 수 없는 한 가지는 올케언니의 엄청난 음식 장만이다. 참말로 기억력도 좋지. 기억이란 사랑의 현현일 터, 아들딸 며느리 손주들이 좋아하는 음식을 어느 것 하나 빠뜨린 적이 없다. 그리하여 그해였던가, 맏며느리인 질부가 가족 모두를 앉혀놓고는 재판관보다 더 엄엄하게 선언했다. 이 엄엄함 또한 사랑의 단언이리라.

"앞으로 수민이는 고구마튀김 먹지 말고, 민혁이는 갈치 먹지 말고…, 당신도 이제부터는 간장게장 먹지 말아요."

'막내고모님도 눈치 없이 끼어들어 전구지부침개니 서대니 찾지 마세요.'가 생략되었을 거라고 혹 조카들 중 누군가 눈치채지는 않았는지.

어머님은 내가 차린 밥상의 서대구이에 젓가락을 대지 않았다.

"니는 갯가에 살아서 서대를 먹는구나."

갯가가 별곳도 아니지만 갯가에 산다는 생각을 한 번도 해 본 적 없이 자랐다. 이른 아침에 잠 깨어 방문을 열면 눈앞에 온통 초록산이었다. 소꼴을 베거나 소를 먹이는 큰골에서 강아지풀을 뜯으며 놀았고, 작은골의 계단밭 울타리에서 손대기를 기다렸다는 듯 떨어지는 산딸기를 따 먹었으며, 산길을 십 리나 걸어 처음 초등학교에 갔다. 나중에

철들고 안 일이지만 방죽을 쌓아 간척지를 조성하기 전에는 만조에 저 아랫동네 너머까지 갯물이 들었다고 한다. 그런 연유로 같은 고장임에도 갯가라 내려 불렸다는데, 동향인 어머님의 언어는 누가 들어도 알 만했다. 그러나 따로 날잡아 들먹여 봄직한 그 언어도 어느 한 날의 풍경이 다 상쇄시켰다.

어머님 집을 방문했던 그 한 날이다. 식탁에는 꽃무늬 커피잔이 놓였고 꽃 그림 쟁반에 담긴 복숭아는 속살이 익어 볼그레했다.

"복숭아가 맛이 들었더라."

어머님은 손잡이에 꽃이 새겨진 포크로 복숭아 한 조각을 찍어 건넸다.

"니한테 글쓰는 재주가 있는 줄 몰랐네."

내 수필 등단을 두고 한 말이다. 고부간의 대화에 뚝뚝 꽃물이 흘렀다. 그날, 꽃구름 같았던 날, 어머님은 훗날에 당신이 말한 며느리의 글쓰는 재주로 당신의 숭을 쓸 줄 상상이나 하였을까.

기름을 두르지 않은 팬에다 전구지부침개를 데워서 옴쏙거린 저녁나절이다. 언니가 올케언니와의 통화 내용을 전화로 알렸다. 전구지부침개 부쳐놨으니 짬나면 가져가란다고. 늙숙한 자매간의 시시콜콜 통화가 끝났다.

"동숭들, 비 온 뒤라 전구지가 쑥쑥 길어서 싹 베다가 부쳤네. 언제 와서 갖고 가소."
 환청인가! 불 꺼진 핸드폰에서 말꽃 향기 그윽이 흘러 내 귀에 미뭉하다.

—《수필세계》 2021. 겨울

힘세고 부지런한 사내

"밭에 풀을 매다가 돌아보면 그새 자란 풀이 뒤를 쫓아오고 있어요."

밭일하다가 온 남자의 어투에는 아무런 장식이 없다. 남자를 처음 본 그때부터 한결같이 담백하다. 굳이 대답을 요구하지도 않는다. 그렇다고 혼잣말을 하는 것은 아니다. 만날 때마다 흡족할 만한 대화를 나눈다. 달리 고급스러운 대화가 필요한 것은 아니다. 그 앞에서 그냥 웃기만 해도 되고, 편하고 익숙한 말로 맞장구를 치거나 말도 안 된다며 손사래를 쳐도 된다. 대답할 마땅한 말을 떠올리려고 애쓰지 않아도, 머릿속으로 할말과 가릴 말을 헤아리는 수고를 따로 하지 않아도 되는 것이다. 말이 가지는 부담을 덜어내는 편안함이다. 말이 번지는 파장으로부터 안심시켜 준다는 의미이다. 얽히고설키는 인간관계에서 말의 역할이 오죽 상당함을 알기 때문이다. 당연히 다음 만남을 기약한다.

슬쩍 눈이 가는 남자의 목덜미와 팔뚝이 햇볕에 그을려 검다. 팔놀림을 따라 움직이는 힘줄들, 피트니스센터에서 끄집어 만든 근육과 달랐다. 거짓 없는 힘살이다. 오랜 시간 성실함이 만들어낸 정직한 삶의 혈맥이다. 그 혈맥을 따라 염려와 기도로 그느른 남자의 가솔이 그려진다. 그렇다고 남자가 날마다 밭일만 하는 것은 아니다. 태어날 때부터 땅 일꾼인 양하다가도 어느 때는 양복으로 말쑥하게 차려입고, 자동차로 한 시간 넘도록 달려간 대학에서 강의하고 다시 밭으로 돌아온다. 기어코 이전의 그가 누구였는지 궁금해지는 이 남자.

나이 듦으로 알게 되는 또 한 가지는, 젊은 날 그토록 따지고 잴 것 많던 남자의 멋들이 궁극에는 기껏 한두 가지로 국한된다는 것이다. 그저 힘세고 부지런한 남자로만 말이다. 남자들은 어떨까? 저잣거리의 우스개에는 연령대를 무론하고 '예쁜 여자' 딱 하나라고는 하더라만.

학생 때이다. 미팅은 '키 180㎝ 본과 삼 학년 이상'의 조건을 다는 친구도 있었다. 강의 때마다 명품 머플러를 두르고 서울말을 쓰는 교수가 우리 몇몇을 집으로 초대했다. 당시 삼익 쌀통 상표 때문에 쌀통 아파트라 불리던, 그때나 지금이나 부촌인 광안리 바닷가에 처음 지은 아파트였다. 외국 영화에서나 볼 만한 풍경에 내 눈은 휘둥그레지기 바빴건만 "집이 성냥갑만 하네." 그렇게 말하는 친구도 있었다. 딱 한 가지 '못생겨서'라는 이유로 날마다 교문 앞에서 기다리는 남자를 끝내 돌려보내는 친구도 있었다. 그러던 날의 나는, 옛날 다방 레지에게 반말하는 남자에게서 돌아섰고, 맞춤법이 틀린 연애편지를 받고 갈등했고, 겨울날 코트 주머니 속에서 잡은 그 남자의 찬 손 때문에 가슴까지 냉기가 서리곤 했다. 그러니 내 젊은 날 연애는 다 때려치운 역사뿐이다. 따지고 잰 그대로 딱 들어맞았는지는 알 수 없지만 의사의 아내가 된 친구도 있고, 진짜 부잣집으로 시집간 친구도 있고, 한 친구의 결혼식장에서는 잘생긴 신랑을 두고 웅성대는 소리도 들었다.

 궁금한 이 남자, 도시에 살며 대기업의 유능한 일꾼으로 해외를 일터 삼아 나다니던 그가 별안간 귀촌하여 힘줄 툭 불거진 팔뚝을 그을리며 부지런히 밭을 일군다. 시골에서 자란 나는 밭두렁만 봐도 대번에 부지런한 주인을 알아본다. 볼 때마다 야물게 매무시한 두렁, 이제 막 돋아난 잔풀 사이로 흙조차도 뽀송한 이랑을 보노라면 풀 뽑은 지가 엊그제였음을 금방 안다. 남자의 손질 잦은 밭에서 눈치 안 보고 씩씩하게 잘 자란 풋것들을 한 보따리 싸 들고 귀향길에 올랐다. 늦봄은 이미 여름, 사방 푸름이 좋다. 분명 이전에 없던 허전함까지 섞여 심상이 촉촉하다.

　이 나들이의 동행이었던 그녀가 그립다. 쉬이 숨죽지 않는 남새 풋것 같은 그리움이 턱없다. 함께 풀섶을 헤저으며 머위 이파리를 땄던 그녀였다. 반문 없이 내 군말을 들어주던 손위 시뉘였다. 그런 그녀가 그 무엇 품어 간직할 작별 의식 하나 없이 허망하게 떠나버렸다. 죽음이 그런 것이거늘. 한 인연을 떠나보내고도 잠잠해지기까지는 인연의 길이 꼭 그만큼의 시간을 더 보내야만 할는지 아직은 모른다. 적어도 이곳을 다녀가는 동안만은 그녀와의 이별을 유예할 뿐이다.

　생전의 박경리 소설가에게 한 독자가 물었다.

　"다시 태어나면 무엇이 되고 싶습니까?"

　노작가는 글쓰는 힘든 일은 안 할 것이라며 이렇게 답했다.

　"힘세고 부지런한 사내를 만나 산골에서 농사를 지으며 살고 싶다."

　그 자리에 있었던 한 독자가 집으로 돌아가면서 노작가가 한 말을 생각하며 눈물을 흘렸다는 글을 어디에선가 읽었다. 나중에 노작가는 이 이야기를 시로 적었다.

　모진 세월에 사마천을 생각하며 살았다는, 평생토록 소설 쓰기의 자장 안에서 고단했던 노작가가 다시 태어나면 꿈꾸었을 삶을, 내 시뉘는 이생에서 누리며 사는구나 그리 싶다. 궁극의 남자 힘세고 부지런한 사내, 거기다가 그 말의 중의적인 멋까지 마저 헤아려 지닌 사내라면, 그런 남자와 살면, 한생전 그만하면 되었소.

— 《에세이문학》 2020. 겨울

2. 삽화…

때로는 내가 글을 쓰는 일이 가당찮은 욕심을 부리는 게 아닌가
고민도 한다.

— 김정화 수필집 《하얀낙타》에서

삽화 / 선망 / 시 / 들깨짬뽕을 먹는 시간
한끼의 미학 / 연필 글씨 / 그해 여름
내가 최초 유포자 / 아무튼, 15도 각도
다시는 그런 날이 오지 않을 것 같아서

삽화

  내 유년의 삽화에 고향집 뒤안이 있다. 탱자나무 울타리와 장독대와 뒷집 돌담이 둘렸고 몇 그루 나무 중에 고욤나무가 있는 안채의 뒤꼍이다. 잔풀들이 돌담 이끼를 비집고, 바람을 따라 고욤나무 잎이 살랑대고, 탱자나무에 노랗게 탱자가 익곤 했다. 봄에는 장독대를 따라 길쯤한 꽃밭에 잎도 없이 꽃대만 쑥 올라와 이름도 몰랐던 분홍색 꽃을 피웠다. 여름날이면 고욤나무 그늘에 멍석을 깔고 언니와 나란히 누워 하늘을 보았다. 바람은 선선했고 나뭇잎을 따라 부신 햇살이 얼굴을 비쳤다 말았다 했다.

  언니는 고욤나무에 얽힌 이야기를 들려주었다. 원래는 커다란 단감나무였단다. 사라호 태풍에 나뭇가지가 툭 부러졌는데 어찌된 일인지 새로 난 가지에서는 단감 대신에 고욤(우리는 '개암'이라 불렀다.)이 열렸고 그때부터는 그만 고욤나무가 되었단다. 손가락 끝마디만 한 고욤을 따다가 신기해하며 갖고 놀았다. 그때 아홉 살이었을 언니가 생생하게 기억하는 태풍 사라호를, 나는 고욤나무 이야기로만 안다. 고욤나무가 태풍 사라호에 대한 기억의 대푯값 삽화插話인 셈이다.

  소설이나 영화에서도 그러하다. 긴 내용의 전개에서 어느 짧은 한 장면만이 선명하게 대표되는 경우가 있다. 소설 《태백산맥》에서 무당 소화가 씻김굿을 하는 대목과 《토지》에서 월선이 용이의 품에 안겨 숨을 거두는 대목과 영화 《닥터 지바고》에서 남자 주인공이 성에 낀 창을 통해 멀어지는 연인의 마차를 애타게 바라볼 때의 붉어진 눈과 전차에서 내려 연인의 이름을 부르며 가슴을 싸안고 바닥에 쓰러지는 순간 들이다. "굿은 죽은 자가 아니라 산 사람을 위한 것이지요."라고 말하는 소화의 한과 "니 이제 아무 여한도 없제?" 어쩌면 용서를 구하는 듯 용이의 슬픔과 마지막 안간힘으로 "라라, 라라." 부르는 지바고의 저릿한 비련이 그러하다.

  최근 방영되는 TV 드라마 〈슬기로운 의사생활〉은 의과대학 동기 다섯 명이 한 대학병원에 근무하면서 일어나는 이야기를 다루고 있다. 매회 심상찮다. 느릿느릿 일주일에 한 번 방영하는 드라마가 감질날만하다. 주인공이 의사이고 배경이 병원일 뿐 의학적인 내용이라기보다는 주변에서 한 번쯤은 들어봄직한 사람들 사는 이야기이다. 이 드라마의 삽화 하나가 나를 가만두지 않는다. 마중물이 되어 〈삽화〉를 쓰게 한다.

 간 이식수술을 받은 중년 여인이 남편의 외도를 알고는 식사를 거부한다. 주인공 중 하나인 담당의사가 퇴근길에 혼자 병실을 찾았다. 의사의 음성은 나직하고 말결은 단호하다.

 "남편분이 아무나 할 수 없는 큰 결심을 했어요. 환자분께 간을 떼어주었어요. 생명을 준 것입니다. 이제 그만 그 여자에게 남편을 보내주세요. 그깟 사랑 둘이 하라 하고 본인의 인생을 사세요. 남은 시간이 아깝잖아요?"

 한순간 의사도 환자도 아무 말을 안 했다. TV 앞 나도 입을 다물었다. 사방 작은 소음도 내 귀에 잠잠했다. 지금껏 읽고 봐 왔던 소설과 영화 속에 나오는 사랑과 생명의 상관관계를 싹 갈아엎는 반전이었다. 사랑이냐 생명이냐 저울질하는 것도 이 상황에서는 무의미했다. 남편은 자신의 간을 떼어줌으로 그녀의 생명을 잇게 해주고 그깟 사랑만 갖고 다른 여자에게 간 것이다. 나는 삽화 속의 남편이 보고 싶었다. 간을 떼어주면서까지 떠나야만 하는 그깟 사랑의 이유가 무엇이든, 발설치 못하는 운우雲雨의 정이든 뭐든 그가 행복하길 바랐다. 드라마가 아니라면 손이라도 잡아보고 싶은 의사는 생명과 '그깟 사랑'을 대비시켜줌으로 그녀가 받은 것이 '진짜 사랑'이라는 것을 알게 하고 싶었으리라. 마찬가지로 그녀가 행복하길 바랐다. 드라마는 엄연한 현실의 증강이므로.

곰곰이 둘러보면 스치고 지나는 모든 인연은 한 줄이든 한 장이든, 좋든 궂든, 애달든 노엽든 저마다의 삽화를 남겼다. 그렇게 남기고 저장하여 기억되고 재생한다. 돌이켜 재생하지 못한다면 애초부터 엉성하여 누락 삭제되었거나 잠깐 내 삶에 왔다가 그저 흔한 방식으로 멀어졌거나 그도 아니면 몰입할 만큼의 구체적인 인연이 아니어서 그리 명징한 삽화가 아니었는지도.

나는 누구에게 어떤 삽화로 기록되었을까 두렵다. 궂은 삽화는 문질러 지울 수도, 하다못해 보정도 못 할 것이니 말끔히 삭제만 된다면야 참말로 다행할 일이다. 이제부터의 삽화는 정녕 애달지 말고 결코 노엽지 말기를. 천부당하고도 만부당한 일이나 무슨 위키 같은 적바림일랑은 눈곱만큼도 원치 않는다. 그저 고향집 뒤안의 고욤나무 이야기보다도 더 슴슴하게 한 줄 써진다 해도. 아, 삭제가 더 낫다는 말을 빠뜨리지 말 것이다.

―《수필과비평》 2020. 11

선망

 자꾸 그녀에게 시선이 머문다. 저번에는 진명여학교 1회 졸업생인 외할머니를 따라 조선 마지막 상궁의 집에 놀러 간 유년을 쓰더니 오늘은 〈동심초〉를 부르는 엄마와 〈Oh, Danny Boy〉를 부르는 아버지를 적어왔다. 오월만 되면 옥색 한복을 단아하게 여며 입은 엄마가 생각나 몸살을 한다지만 이 어인? 내게는 오두맣게 앉아 웃는 그녀의 서사가 딴 나라 이야기만 같다. 이런 경험은 이전에도 많다.
 친구는 엄마가 대학생 때 입었다는 꽃무늬 원피스를 입고 학교에 왔다. 안 그래도 이모의 관에 키스를 했다는 이모부 이야기를 듣고 이미 그녀에게 반 넘어나 빠져있는데 말이다. 엄마의 옷을 입고 강의실에 앉아 엄마와 시공간을 공유하는 그녀의 옆얼굴을, 가늘고 긴 손가락으로 머리카락을 쓸어 고르는 동작을, 다리를 꼬아 앉아 발끝 까딱거리는 것들에서 시선을 떼지 못했다.

내 아버지가 무슨 노래를 불렀는지, 노래를 부르기는 했는지 어려서 기억은 없지만 엄마의 말 한마디는 세월이 가도 지워지지 않는다. "소리라도 할 줄 알면…." 그런 엄마는 한복을 입고 머리에 비녀를 꽂았다. 여학교 때이다. 아버지가 대학교수인 미연의 엄마는 양장 차림을 하고 학교에 왔다. 나는 양장을 한 미연이 엄마도 낯설었지만 한복 차림의 내 엄마와도 바싹 붙어 걷지 못했다. 남강다리를 건너 작은 오빠네로 가던 길이다. 덕석도 깔지 않은 맨 포장도로에 나락을 널어 말리고 있었다. 그 시절 소도시의 변두리 풍경이다. 농사짓는 엄마는 걷다 말고 서서 재글재글한 가을 햇볕 아래 맨바닥의 우케를 보고 무어라 혼잣말을 했다. 나는 그만, 빠른 걸음으로 그런 엄마를 뒤세웠다. 하국화 씨, 생전에 한 번도 그렇게 이름 불린 적 없었을 내 엄마, 그때 죄송했어요.

누구나 다 아는 말인 선망羨望을 좀 더 알게 된 것은 프로이트에 대해 배운 뒤였다. 물론 프로이트의 남근선망penis envy에서 비롯된 성심리이론이나 젠더이분법 등의 엄청난 파생을 말하고자 함은 아니다. 그럼에도 선망에 관한 연구가 그렇게 많은 것과 각각의 연구 분야마다 선망에 대한 용어가 그토록 많음에는 적잖이 놀랐다. 나는 '부러움'으로 대체 풀이되는 선망에 대하여 자각한 견해를 말할 뿐이다. 선망은 당연히 내게 없는 것들을 향한 갈망이다. 흔히 질투의 감정과 혼동되기도 하지만 심리학적으로는 완전히 별개의 감정으로 분류된다. 선망은 가장 원초적인 욕망으로 상상 또는 현실에 기반을 둔다. 상상에 머문 채 그대로 두거나 선망의 대상을 정복하여 현실을 만들기도 한다. 반면, 시샘이나 시기로 선이해 되는 질투는 누군가의 관계에서 그 실체를 여실히 드러낸다. 선망의 내면이 인정이라면 질투는 부정의 여러 벌 겉옷과 같다고 할까. 겉옷은 감추어지는 것이 아니라서.

내가 가진 선망은 언제나 적당한 간격을 띄워 둔 부러움이었고 헐떡거리며 가야 할 저만큼의 거리가 버거워 애초에 내딛지 않은 길이었다. 하므로 단순하고 덜 구체적인 호기심으로 변장하여 아무도 눈치 못 챌 정도의 관심과 친절에 멈추었다. 밀레의 〈만종〉을 보고 화가를 꿈꿈으로, 파바로티가 부르는 〈네순도르마〉를 듣고 가수를 결심함으로, 밑닦개로 내놓은 김소월 시집을 읽고 문학의 불씨를 지핌으로…, 이윽고는 숨겹고 고단했을 선망을 굴복시켜 엄연한 현실로 만든 그들과 같지 못했다. 비록 아무도 모르는 독한 선망앓이의 상흔이 있다고 한들 내가 가진 선망들은 일생 현실에는 기반을 두지 못한 채 상상에만 머물다 가고 말았다.

거슬러보아 내 최초의 선망도 상상 속의 '무남독녀'였다. 유년 시절 우리 집에는 머슴과는 별도로 농번기에만 와서 일하고 세경을 받아 떠나는 드난 일꾼이 있었는데, 그들은 거개가 솔가를 하므로 두엇의 아이가 있었다. 아이들은 바지런하여 잔심부름도 하면서 일손을 돕기도 했으나, 큰 두레상에 일꾼아이 주인아이 구별 없이 빙 둘러앉는 밥때마다 내 심사가 틀어지곤 했다. 어린 나이에도 밥상머리의 그 악스러움이 싫었던 탓이다. 그 무렵 무남독녀라는 말을 처음 알았다. 세상에! 아이가 달랑 딸 하나뿐이라니. 어쩌다 책 속에 무남독녀 이야기가 나오면 처음부터 끝까지 다시 읽었다. 그러고는 이른바 속편을 짓곤 했는데 당연히 내가 주인공인 이야기였다. 언니들이 안다면 참말로 미안했을 일이다.

습습한 저녁 바람을 쐬며 산책을 다녀왔고 레몬차 한 잔을 들고 앉는다. 식탁도 의자도 손에 든 찻잔까지도 나처럼 늙숙하니 편안하다. 이제쯤이면 분수없이 쏘삭대던 뜬마음 일랑은 저 왔던 곳으로 되돌아가고, 휘익 둘러보아 무에 샘날 것도 부러울 것도 없는 줄만 알았더니 사람 참, 여전히 잠 덜 깬 미련이 남아 있네. 새삼 선망일 것까지야.

-《좋은수필》 2022. 봄

시

 배우 윤정희가 떠났다. 먼 나라에서 기별만 왔다. 아름답던 사람이 그만 가버렸다. 가까이 살갗 닿아본 적도 없는 정인을 잃은 듯 허전하다.
 배우를 처음 만난 곳은 유년 시절, 시골집 아래채의 신문지로 초벌만 도배한 방 벽에서였다. 일 년 내내 싫은 내색 하나 없이 웃는 얼굴로 나를 내려다보다가 해가 바뀌면 정갈하게 새 옷으로 갈아입고 머리단장을 다시 하고 그 자리에서 또 꼬빡 일 년을 웃어 주었다.
 갓 시집온 동서의 여행 사진첩에서도 본 적이 있다. 파리에 있는 배우의 집이라고 했다. 아무리 시가媤家와 인연이 있기로 여행 중인 처음 보는 대학생을 선뜻 집으로 초대하더란다.

마지막으로는 이창동 감독의 영화 〈시詩〉에서였다.

"윤정희가 나온다고 보러 왔는데 와 이리 재미가 없노?"

나와 그리 멀지 않은 자리에서 배우와 엇비슷하게 세월을 보낸 듯한 너덧 명이 한바탕 군담을 쏟으며 일어선다. 그제서야 영화 관람객은 그녀들 너덧과 나뿐이란 걸 알았다. 인터넷으로 상영관을 검색하고 상영 시간을 맞추기 위해 할 일을 미루고 왔건만. 너덧뿐인 관객이 재미없다 혹평한 영화를 보고 나서 한동안 나는 좀 아팠다.

청명한 날 물비늘이 은빛으로 흐르는 강물에 한 소녀가 얼굴을 묻은 채 떠내려온다. 소녀의 죽음은 주인공 '미자'가 알지 못하는 동안 그녀의 삶을 위태하게 흔든다. 막다른 곳으로 몰아붙인다. 가해자도 피해자도 아닌 그녀에게 깊은 슬픔과 풀 수 없는 응어리를 안긴다. 가혹한 세상 앞에서 중심을 잡아 다시 제자리를 디뎌 서기에는 너무 순수하여 여리기만 한 그녀이다. 이런 미자를 두고 건반 위의 구도자라 불리는 남편 백건우는 "미자가 어쩌면 윤정희와 꼭 닮았느냐."고 했단다. 들리는 말로는 주인공 미자 역으로 성형하지 않은 맨얼굴의 윤정희를 캐스팅했다고도 한다.

그런 미자가 떠난다. 자신 앞에 내맡겨진 생을 감당치 못해 기어이 가고 만다. 소녀를 실어 갔던 강물이 미자의 시詩

를 안고 흘러간다. 미자가, 어쩌면 배우 윤정희가 윤슬 눈부신 강을 따라 떠나간다.

>이제 작별을 할 시간 머물고 가는 바람처럼
>그림자처럼 오지 않던 약속도 끝내 비밀이었던 사랑도 서러운 내 발목에 입 맞추는 풀잎 하나 나를 따라온 작은 발자국에게도 작별을 할 시간
>– 이창동 시 「아네스의 노래」,
>– 영화에서 주인공 미자가 쓴 시 부분

내 친구 박구경 시인이 자신의 부음을 카톡으로 전해왔다. 아름답던 또 한 사람이 가고 없다. 연전에 여학교 동문 문인 모임인 '일신문학회'를 계기로 다시 만났건만 예순의…, 이제부터는 참 좋을 나이에 서눌러 떠났다. 자자한 자신의 시에 대해 들어 볼 시간도 주지 않고 깍쟁이도 아니면서 깍쟁이처럼 야속하게 가버렸다. 지은 시보다 웃음이 많고 펴낸 시집만큼이나 사람을 사랑했던 시인이건만.

>기차가 들어왔으면 좋겠다
>어둠 속을 달려온 시커먼 그 쇳덩이가
>쉭쉭, 숨을 몰아쉬는 동안
>큼직한 보따리와 흰옷의 사람들이

시끌벅적 이 바닷가에 펼쳐졌으면 좋겠다
  – 박구경 시 〈기차가 들어왔으면 좋겠다〉 부분

  사람들은 종종 '한 편의 시와 같다.'는 말을 한다. 노을이 붉게 타는 박명의 하늘을 보거나 이른 봄날에 튼싹 천지인 야트막한 산길을 걷다가도, 귓속 깊숙이 자리하는 음률과 코끝 시큰해지는 음식과 발을 멈춘 그림 앞에서도, 예사롭지 않은 뉘 삶을 들을 때, 아무튼 돌올한 감동을 드러낼 때는 다 그런다. 시를 안다거나 시와 가깝다거나 더하여서 시를 사랑한다는 것이리라.
  "젊어서 시인 아닌 사람은 없다." 릴케의 말이 아니라도 가만 둘러보면 누구든 시 한 편쯤 지어보지 않은 남자가 없고 한 번쯤 시인을 꿈꿔보지 않은 여자도 드물다. 어디 한국 사람만큼 시를 사랑할까. 지금은 그 이름도 낯설어 버린 〈공무도하가〉, 〈황조가〉, 〈구지가〉 등을 외워야만 점심 도시락을 먹었고 오직 시험 성적을 위하여 이백의 절구와 두보의 율시를 따라 읊었으며 단테의 《신곡》이 너무 무거워 들었다 놨다 했다. 아무나 붙들고 물어도 김영랑 윤동주의 시 한 편쯤은 능히 암송하고 있으리라. 어쩌면 우리는 다 저마다의 시를 저마다의 가슴에 품고 사는지도 모를 일이다.
  한 의학 서적에서 "성병이 인간의 역사와 함께했다."라는 걸 읽었다마는 과연 시도 인류의 역사와 함께했다 하지 않을까. 인류 최초의 시가 기원전의 〈길가메시 서사시〉라는 것도 인류 최초의 여성 시인이 '사포'라는 것도 익히 들었다.

과연 시가 무엇인지. 오래전부터 오늘까지도 무수한 시인이나 문학자들은 시의 정의를 두고 논의했을 것이나 지금 나에게는 "시는 인생의 비평이다." 이 말만이 와닿는다.

배우 윤정희와 시인 박구경은 시를 남겼다. 그녀들 인생에 아름다운 비평을 남기고 처연하게 떠났다. 조심조심 자그맣던 여배우의 몸짓과 늘상 아릿한 시인의 눈가가 오늘따라 참 알알하다.

- 《부산수필과비평》 2023

들깨짬뽕을 먹는 시간

 생경한 이름이었다. 짝꿍처럼 마땅히 옆에 있어야 할 짜장면은 메뉴에 없다. 중국집은 분명 아닌데 들깨짬뽕이 특선이란다. 대강 둘러보아도 테이블마다 손님 앞에는 꽤 큰 그릇이 놓여 있다. 다 들깨짬뽕이다.
 저녁나절에 그의 전화를 받았다.
 "들깨짬뽕이 끝내주는 집이 있어요."
 어쭙잖은 일로 내내 소원하던 그인지라 무어라 한들 마다했겠느냐마는 짬뽕보다는 들깨라는 말이 더 탐탁했다. 사실 청해서는 짬뽕을 먹지 않는다. 어느 때라도 중국 음식을 먹는다면 내 선택은 짜장면이다. 한 노포의 짬뽕 국물을 두고 천상의 맛이라 표현한 칼럼니스트에게나 그런 국물에 도취한 미식

가가 읽는다면 손사래라도 칠 일이지만 별달리 얼큰한 국물로 해장할 일 없는 나는 짬뽕도 짬뽕 국물도 애매하기만 하다.

내 어릴 적 기억의 들깨는 참깨와는 멀찍이 나앉아 있었다. 참깻단은 행여 낱알 한 알이라도 덕석 밖에 떨어질까 서로 엇갈려 기댄 채 거꾸로나마 다소곳이 세워져 있고, 저쯤 맨바닥에는 한데 묶인 들깻단이 서 있거나 더러 자빠져 있었다. 들깨밭이 따로 있기는 했는지. 길섶과 밭두둑에 무성한 깻잎을 땄던 기억뿐이라서. 그랬던 들깨가 언제부터인지 내 집에서도 한 자리를 차지한다. 들기름으로 볶은 나물, 들기름으로만 쑤라는 도토리묵, 들깻가루를 넣은 시래깃국 된장국…. 냉동실에는 들깻가루가 뭉텅이로 들어있다. 마트에 가면 참기름보다 들기름이 더 비싸다.

짬뽕을 두고 애매하다 표현하는 것은 짬뽕 국물의 애매한 붉기 때문이다. 나는 애매한 것들이 다 마뜩잖다. 무수히 맞닥뜨렸던 애매한 것들, 결국은 상처가 되고 만 것들…. 붉은 기 없이 뽀얀 국물의 들깨짬뽕 두 그릇이 우리 앞에 놓였다. 흔하고 가벼운 소재의 그릇이 아니어서, 짬뽕 특유의 중식 냄새가 덜해서 다행이다. 언뜻언뜻 들깨 향이 훈감하다. 그가 나에게 어서 먹기를 권하며 말을 잇는다.

대개는 그러지 않은가. 개인이든 단체이든 관계를 위태하게 하는 틈은 기실 그런 틈만큼이나 미미하고 소소하고 시시한 일일 때가 더 많은 것. 그러려니 처리했던 미미한 일,

다수의 의견으로 늘 그래 왔던 소소한 일, 검증 없이 힘센 쪽을 편들고 말았던 시시한 일들이 어느 순간 어느 한쪽을 서운하고 서운하게 하다가는 노엽게 만들어 버린 그것이다. 노여움은 점점 세를 불린다. 후벼서 비집어 벌어진 틈은 더 이상 덮어 두지 못할 막다른 상황에 이르고 만다.

그러니 지금 내 앞에 앉은 그를 두고 누구든 섣불리 옳고 그름을 말해선 안 된다. 옳다 그르다 가리는 것은 들깨 한 톨만큼의 도움도 안 된다. 소용없다. 한편이어야만 한다. 이해한다는 것으로도 부족하다. 이해한다는 말은 애매한 앞가림일 뿐이다. 그를 거드는 내 말도 필시 그러하리라. 만 가지 언어가 다 무용한 순간이다. 나는 두 손으로 큼지막한 그릇을 들어 국물을 마시며 잠깐, 애매함으로 민망해진 얼굴을 가렸다.

나는 안다. 내 편이라 여겼다가 내 편이 아닌 것을 알았을 때의 낭패감 이윽고 허망함을. 나는 그랬다. 오랜 사이든 풋낯이든, 안이든 바깥이든, 머뭇머뭇하던 마음을 싹 거둬들였다. 용납의 한계 앞에서 냉정해진 나를 발견했다. 뒤돌아보이는 것들이 억울하기도 했지만 그때 그 순간의 내 불안정과 미숙함과 소홀함을 다 인정했다. 더 이상의 감정 소모를 피했다. 그러다 머잖은 날에 문득 강해져 있는 나를 알았다. 다행인지 새롭게 화해하는 법을 습득했다. 화해란 남북정상처럼 그렇게 요란하게 만나 악수하는 것만이 아니다. 나는 오히려 침묵이라는 맞춤한 도구를 택했다. 나만의 이기적인 화해를 익혀갔다.

  되새김질하지 않는 것. 담아두지 않는 것. 삭제해 가는 것. 여의치 않다면 그 자리를 피하는 것. 그럼에도 여의찮으면 어쩔 수 없이 다시 안 보는 것. 이후에도 쭉 들깨이든 짬뽕이든 여럿의 기호 사이에서 편 가를 일 없이 서운할 일 없이 억울할 일 없이 살 수 없음이야 여전하겠지만, 남은 인연 남은 시간은 원래부터의 내 성정인 양하며 깜냥으로 살피고 어우르며 살아내는 것.

  들깨짬뽕이 반 넘어 줄었다. 그를 이해한다는 듯 숙연히 듣고 있는 자신이 추레했다. 애매하다 탓하던 짬뽕 국물이 된 기분이다. 뭔가를 해야 하는데 할 수 없는 것, 긍정이든 부정이든 그것은 이다음의 관계에 파장을 일으킬 것이다. 나에게도 그에게도 흔적을 남길 것이다. 내가 할 일은 조금 떨어진 가장자리로 비껴서서 한가운데를 투시할 방도를 구할 뿐이나 그가 어찌할지는 잘 모르겠다. 어쩌면 어느 때 어디에서 먼젓자리에 앉는 일을 궁구할지도…. 다만 얼마 동안은 둘이 이렇게 마주앉아 식사는 하지 못할 거라는 예감 때문이었을까. 들깨짬뽕 한 그릇을 다 비웠다.

  돌아오는 길은 멀게만 느껴지고 들깨짬뽕도 그도 자꾸 머들거린다.

－《수필과비평》2023. 2

한끼의 미학

 질긴 역병은 해를 넘겨도 수그러들 기미를 안 보인다. 여전히 TV 앞에 앉아 옛날 영화를 찾아보는 날만 많다. 〈바베트의 만찬〉은 '이자크 디네센'의 동명 소설이 원작인 덴마크 영화이다. 나는 〈아웃 오브 아프리카〉를 통해 작가를 알았는데 작가의 실명 '카렌 블릭센'을 그대로 쓴 그 영화를 매번 감동하면서 네 번 봤다.
 영화 〈바베트의 만찬〉은 내레이션이 소설과 같아서 쉽게 몰입되었다. 칼집을 넣은 생선이 거꾸로 매달려 건들거리는 첫 화면과 원경의 무채색 지붕들은 영화 전체의 분위기를 짐작하게 한다. 카메라는 바베트가 준비하는 프랑스 음식의 화려함과 식탁 앞에 마주앉은 마을 노인들의 모습을 비춘다. 그들은 금욕적 신앙생활이 몸에 배어있다. 지극히 소박한 식사를 하고 말을 삼간다. 그러다가 바베트가 만든 음식을 먹는 동안 굳었던 표정을 풀고 다물었던 입을 열어 대화를 나눈다. 묵은 감정과 고집을 풀고 서로를 용서한다. 와인을 마시는 노인의 불그레한 얼굴이 화면에 선명하다. 작가는, 바베트의 만찬에 초대된 노인들을 이렇게 표현한다. "말문이 틔었고 수년간 듣지 못했던 귀가 열렸다."

원인불명의 열(Unknown Fever)로 여드레를 입원한 적이 있다. 나중에 병명이 정해지긴 했으나 병원에서 꺼리는 게 바로 이런 정체 모르는 열이다. 면회가 금지되었고 병실 앞에는 전염 관련 팻말이 붙었을 것이다. 며칠 후에야 화장실 출입을 했는데 한쪽 어깻죽지와 골반 부위까지 시퍼렇게 멍이 든 것을 알았다. 기억에는 없지만 고열로 의식을 잃은 채 침대에서 떨어졌다는 것이다. 이어진 큰일은 매 한끼의 식사였다. 희멀건 미음과 건더기 없는 국과 역시 건더기 건져낸 국물김치이다. 점심부터 시작된 식사는 다음 날, 그다음 날 아침까지 똑같았다. 뚜껑 덮인 식판 그대로 내갔다. 미음이 끝난 날 점심은 흰죽이었다. 뽀얀 흰죽은 먹을 만했으나 반찬은 보기만 해도 밍밍했다. 배식원에게 김치를 달라고 하자 식사 처방이 없어서 안 된다며 딱 잘랐다. 저녁에도 역시 국물 반찬이었다. 흰죽 때문에 입맛이 살아났는지 멀건 국물을 보자 구역질이 났다.

입원한 지 한 주일이 지났다. 환자의 열이 떨어지지 않으니 의사는 유동식을 처방했을 것이고 영양사는 지시하고 조리사는 만들고 배식원은 갖다주었을 것이다. 가장 가까이 환자를 살폈을 간호사는 뭐하나? 단순하고 무심한 일련의 의료에 혼자 몸서리를 쳤다. 글로 적기 민망하나 순전히 김치 하나 때문이었다.

루마니아 출신 작가 헤르타 뮐러의 소설 《숨그네》를 떠올렸다. '숨그네'는 인간의 숨이 끊어질 듯 말 듯 삶과 죽음 사이에서 그네 타는 것처럼 흔들린다고 하여 작가가 만들어낸 단어이다. 이차 세계대전 후 소련의 우크라이나 강제수용소에서 끔찍한 굶주림에 시달렸던 루마니아의 독일 소년 열일곱 살 레오 이야기이다. 전쟁이 끝나도 배고픔의 기억에서 헤어날 수 없는 그는 오로지 음식을 먹지 못할까 봐 죽음조차 두렵다. 소설을 읽으면서도 혼자 몸서리쳤던 기억이 있다. 그날 저녁 근무의 간호사가 한가득 김치 그릇을 들고 병실에 왔다. 다음 날에 나는 퇴원했다.

"말을 하지. 병문안이라도 갔을걸. 가자, 몸보신시켜줄게."

윽박지르듯 말하며 P는 우럭탕을 시켰다. 어제까지 병원에서 김치 없이 죽을 먹던 나였다. 국물 몇 숟갈을 떠먹었다. 입에서 목을 넘어 등줄기로 뜨거운 것이 타고 흘렀다.

온몸이 더워졌다. 이마는 촉촉하고 코끝이 찌릿했다. 울먹한 한끼였다.
 "맛난 거 대접하고 싶어요."
 나의 세 번째 수필집을 받은 문우 L은 기어이 한끼 앞에 나를 앉혔다. 조명은 맞춤했고 그릇 부딪는 소리까지 정갈했다. 구색을 잘 갖춘 식탁은 두 사람에게 바베트의 만찬이 되었다. 애써 여몄던 속말을 풀었다. 툭툭 실밥 한 땀이 뜯어질 때마다 눈 안에 물기가 차올랐다. 오래도록 남아 감칠 한끼였다.
 "날잡아서 밥 한번 먹읍시다."
 건너건너 나의 문학상 수상 소식을 들은 Y가 사업으로 분주한 시간을 따로 떼어 한끼에 초대했다. 십 년 가까이 동문수학한 사이건만 아, 대한민국! 남녀가 유별하니 예순이 넘어도 오붓한 둘만의 한끼는 금기인가. 소식을 건너 전한 K 교수와 J 작가와 모터사이클을 타고 시베리아를 달리다 왔다는 그의 지인이 함께했다. 서로 부딪쳐 마신 술 한 잔이 처음 만나는 낯섦을 끌러 풀었다. 철든 이들의 수다는 이토록 부요한가. 흐뭇한 한끼였다.
 생전의 작은오빠는 집안 조카들이 혼인하면 신혼부부를 집으로 초대했는데 나는 오랫동안 그 맛깔스러운 한끼에 들러리가 되곤 했다. 두둑이 용돈까지 주는 바람에 긴 덕담은 참아야만 했노라고, 작은오빠의 반살미는 집안 모두에게 그리운 뒷말로만 남아 있다.

 생의 많은 날이 지났다. 무수한 한끼로 이어온 생이다. 부자이든 빈자이든 생을 이어온 것은 다 한끼부터이다. 한끼의 정직함, 한끼의 무거움, 한끼의 그리움이야말로 한끼의 미학이다.

 나는 늘 생각이 협소하고 삶의 밑천은 초라했다. 한끼에 투자할 여유가 없었다. 밥 먹는 것을 전투처럼 해치우던 식탁에서 수저질 한 번에다 대화를 얹기란 사치였다. 손맛 또한 옹색하여 언제 한번 바베트의 만찬을 흉내라도 내본 적 있던가.

 오래 헹군 행주로 식탁을 닦는다. 숟가락과 젓가락의 간격을 맞추고 종지로 할까 보시기로 할까, 밑반찬 담을 그릇을 고른다. 밥 뜸 들기를 기다리다가 참, 별일도 다 있지. 밥물 냄새는 또 이리 슬픈가. 그제 어제와 별반 다를 것도 없는 한끼 저녁상을 차리면서 간신히, 미움 하나를 지웠다. 아무도 밉지 않게 되었다.

-《수필미학》 2020. 가을

연필 글씨

 모처럼의 산책이었다. 퇴원 후 처음이니 한 달 만에 집 밖으로 나온 것이다. 한쪽 무릎이 아직은 성치 않으나 오후의 비낀 볕살 아래 마냥 걷고 싶었다. 동천 산책길을 끝까지 가볼까도 하나 지금은 그것도 욕심이다. 결 고운 햇살을 누고 곧바로 뒤돌아서기가 아쉬워 동네 뒷골목으로 꺾어 들었다.
 이사 온 지 십 년이 다 되어도 여기 골목을 들어와 보기는 처음이다. 고만고만하게 지붕 낮은 집들이 그만그만한 높이의 담장에 둘러싸여 있다. 절대로 안을 들여다보지 말라는 엄중한 경고인지, 무작위 무례한 시선으로부터 극강의 도피인지 성벽만큼이나 견고한 회색 담이다. 때가 묻어 얼룩진 무채색 담벼락이다. 지난한 세월의 무게에 눌려 생기를 잃고 짐짓 풍화에 든 듯한 담이다. 근경에는 유리 벽에 햇살이 바서져 현란한 사십팔 층 아파트가 있다.

때로는 우연한 발견이 뜻밖의 기억을 불러내기도 한다. 그날 거기 내 걸음을 멈추어 만난 헌책 속의 연필 글씨가 그러했다. 연필 글씨가 아니었다면 가만히 묻혀 지낼 지난날의 기억. 아무렴, 찻잔 든 손이 조금 떨리지도 않을 만큼 하찮아도 괜찮다. 가버린 한때를 소환하여 그 안에 잠시 머무는 것만으로도 양명한 시간이었으니.

담벼락 모퉁이의 문이 좁은 세탁소를 돌아서자 저쯤 길바닥에 아무렇게나 책더미가 있다. 고가구 고서화와 때가 전 초췌한 도자기, 녹이 슨 옛날 그릇에 요강까지 말 그대로 없는 게 없는 명색이 골동품 가게 앞이다. 쓱 둘러 딱히 값나는 것은 없어 뵈건만 굳이 책을 바깥에 내놓은 걸로도 가게 주인의 상품 순위가 미루어 짐작되었다. 고개를 옆으로 젖히고 책더미의 제목들을 훑었다. 목재 유병근의 《이런 핑계》와 빈빈 김종희의 《기억, 장소 그리고 매축지》 그립고 익숙한 제목을 낯선 장소에서 읽는다. 나는 펄벅의 《숨은 꽃》과 박이문의 《문학과 철학이야기》 그리고 수필 입문 때부터 읽었던 《손광성의 수필쓰기》를 한 권에 천 원씩 주고 샀다. 나이 지긋한 여주인은 책 판매가 의외인 듯 양푼에 밥을 비벼 먹다가 일어서서 허리를 숙이고 돈을 받았다.

사 온 헌책들의 첫 주인은 누구였을까. 책장에는 처음부터 마지막 페이지까지 연필로만 밑줄을 긋거나 메모가 되어 있다. 정갈한 글씨는 책의 내용보다 더 눈이 간다. 문학의 본질, 시의 존재, 문학과 철학의 관계, 작가의 의무, 작가 의식…. 결코 예사롭지 않은 필적에 앞뒤를 죄 뒤적였지만 무엇 하나 짐작할 만한 표기는 없다. 그럼에도 나는 책의 원래 주인이 남자였다며 얼토당토않은 기시감이 들고 말아 그에 대한 무한한 궁금증으로 몇 번 더 책을 폈다 덮었다 했다. 그러고는 넌짓 책에 대한 예의를 생각했다. 이제부터는 모든 책을 연필로만 읽으리라. 내가 가진 책도 언젠가는 고서가 될지 모를 일. 메모까지 저리 멋질 수 있다면야.

내 어릴 적 내남없이 학용품이 귀했던 시절에 필통 가득한 연필은 부러움이었다. 학교에서는 상품으로 공책이나 연필을 주곤 했다. 연필이 많다는 것은 상을 받았거나 집이 부자이거나 둘 중 하나였다. 지금에야 몽당연필도 향수라지만 그때는 그리 행복한 경험이 아니었을 것이다. 더 이상 손으로 쥘 수 없게 된 몽당연필을 빈 볼펜 깍지에 끼워서 그마저 다 닳을 때까지 썼다. 연필심은 자칫 조금만 부딪혀도 부러졌다. 헝클어 서로 부딪히지 말라고 필통 바닥에 솜을 깔고 연필을 나란히 눕혀 다녔다. 공책 위에 연필을 곧추세워서 문고용 칼로 길고 뾰족하게 연필심을 깎고는 시커멓게 쌓인 연필심 가루를 입으로 후 불기도 했다. 세월은 흐르고, 연필로 글을 쓴다는 김훈 소설가의 글에서 "연필은 짧아지고 가루는 쌓인다."의 무게를 읽고는 나도 연필로 글을 쓰리라던 당찮은 문학의 꿈을 혼자 부끄러워한 적도 있다.

이제는 까마득한 이름인 학도호국단이 되어 무슨 집체교육을 받던 때이다. 모르긴 해도 대표라는 부담감으로 사뭇 열심이었을 것이다. 휴지로 볼펜 똥을 닦아가며 강사의 말을 부지런히 받아 적었다. 바로 옆자리의 남학생이 연필을 건넸다. "연필로 써 보세요. 이게 편해요. 깨끗하고 지우기도 쉬워요." 남자가 건네는 서울 말씨를 직접 듣기는 처음인 것도 같았다. 볼펜 똥이 묻은 휴지를 무안해할 겨를이 없었다. 학보와 함께 오래 보내온 손편지는 연필이 아닌 고급한 만년필 글씨였지.

꽤 오래, 그렇게 헌책 속에 머물렀다. 연필 글씨에다 다시 연필로 밑줄을 긋는다. 헌책이 풍기는 곰팡내가 싫지 않았다.

내 수필집을 받은 K 작가가 동주 시집과 연필 한 다스를 보내왔다. 그 몇 년 뒤 《한 뼘의 별바라기》 수필집을 받은 나는 달랑 문자만 하고 말았다. 이제야 늦은 안부처럼 연필을 꺼낸다. '별 하나에 동경' 까만 바탕에 하얀 글씨의 시구가 애련하다. 부디 건강하시라. K 작가의 평안을 바라며 연필심을 다듬는다.

-『에세이문학』2022. 여름

그해 여름

 그해 여름 한 날, 마당에는 모깃불이 타고 있었다. 대나무평상에서 설핏 초저녁 선잠이 들었던 나는, 깨우는 듯한 익은 말소리에 눈을 떴다. 누운 나에게로 살랑살랑, 엄마의 부채 바람이 불고 있었다.
 "호연이 이제 우리 집에 안 온다. 너도 호연이하고 놀지 마라. 아이고, 불쌍한 것! 눈을 뒤집고 헛소리까지 한다네."
 호연이는 동네 입구 산언덕 대밭의 드난 집에 사는 아이다. 나보다 두어 살 위라 해도 덩치가 크고 힘이 셌다. 내 책 보따리를 들어주었고 방과 후에는 물을 길어 우리 집 부엌의 두멍을 가득 채웠다. 호연이는 머리에 따리를 얹어서 물동이를 이고는 손을 대지 않고도 물을 흘리지 않고 걸었다. 그 일이 끝나면 설겅(시렁)에서 삶은 고구마를 꺼내 먹고 방천 개울가로 달려가 발을 담그고 물장구를 치며 놀았다. 온 데 모기 물린 자국과 부스럼 난 호연이 다리가 내 다리에 닿았다. 나는 어서 다리를 저리 치우라고 소리를 질렀다. 호연이는 입을 헤벌리고 웃기만 했다. 호연이 엄마는 여느 엄마들과 같은 쪽머리인데도 파마를 한 것처럼 머리카락이 뽀글뽀글했다. 호연이를 볼 때마다 부르는 건지 나무라는 건지 고함을 질러댔고 뭘 잘못한 것도 없어 뵈는데 자주 딸의 등짝을 후려치거나 머리를 쥐어박곤 했다.

 그 호연이가 죽었다. 눈을 뒤집고 헛소리까지 하고는 벽에 머리를 찧다가 죽었단다. 나는 마을의 둥구나무 마당에 모인 동네 사람들 틈에 끼여서, 호연이 아버지가 죽은 호연이를 가마니에 싸서 지게에 지고 산으로 가는 것을 보고 있었다. 그건 내가 최초로 본 죽음의 풍경이었다. 하늘이 흐려 찌뿌듯했는지 어디서 까마귀 울음소리라도 들렸는지는 모르겠다. 그런 다음 날에 읍내 보건소에서 흰옷을 입은 사람 둘이 다녀갔다. 온 마을에 하얗게 연기를 뿜으며 소독이라는 걸 하고 떠났다. 더 한참 나중에야 뇌염이라는 병 이름을 들었을 때도 나는, 호연이 다리의 모기 물린 자국과 대나무밭의 드난 집을 떠올렸으며 그 후로도 오랫동안 모기와 대숲과 뇌염 그리고 죽음을 한 줄로 엮곤 했다.

 호연이네가 언제부터 마을에 들어와 살았는지 언제 떠났

는지는 모른다. 한 번도 가본 적 없는 호연이네 집이 대나무 숲에 반쯤 가려져 멀찍이서 봐도 으스스했던 느낌만 오래 남아 있었다. 언제부터인지 반쯤 가려진 집은 없어지고 대나무밭만 무성했다. 노상 헤실거리던 호연이의 얼굴도 이름도 죽음까지도 세월과 함께 무지러졌다. 태어나고 처음으로 인식했던 죽음인지라 내 어린 마음에 오래 각인되어 있었을 게 분명하건만 이렇게 애써 불씨를 지피기 전에는 소환해 볼 일조차 없는 그해 여름 한 날이 되고 말았다.

요만큼 살고 보니 잊히고 묻히고 동강 나고 무지러져서 마침내 산화한 기억이 어디 이뿐일까마는.

− 《부산수필문예》 2023. 여름

내가 최초 유포자

 이런 물음을 해본 적 있다. 설화에 나오는 갓장이는 대나무 숲에 외쳐서라도 당나귀 귀를 가진 임금의 비밀을 말하고 싶있을까? 신화 속의 이발사는 우물에 대고 소리치기까지 왕의 비밀을 참을 수는 없었을까?

 이야기의 결말은 익히 아는 바와 같다. 대나무를 베어내고 우물을 메워도 갓장이와 이발사의 외침은 바람결을 따라 퍼지고 퍼져서 여기 나에게까지 왔다는 것. 그러니 그때나 지금이나 비밀은 없다?

 만약에 갓장이와 이발사가 죽기까지 비밀을 함구했다면 어떠했을까? 일테면 '최초 유포자'가 아니었다면 말이다. 제아무리 엄연하고 은밀한 실체의 '당나귀 귀'일지라도 저

불안정한 '바람' 앞에 함부로 나신을 내맡기지는 않았을 것이다. 말하자면 비밀의 실체인 당나귀 귀와 최초 유포자인 갓장이와 이발사 그리고 널리 또 널리 퍼뜨린 바람까지. 이렇듯 삼각의 위태한 구조가 비밀의 방정식인 셈이다. 마땅히 근은 구할 수 없을 터이니 참과 거짓 또한 가릴 수 없는 만고에 막막한 비밀방정식.

더한다면 한 가지 난처하고 불편한 진실이 있다. 숨쉬고 말하는 보통의 사람들은 너나없이 별도의 보호 장구 없는 무방비로 비밀방정식에 노출된다는 것이다. 모자 속에 감춘 당나귀 귀가 새 나갈까 노심하거나. 갓장이와 이발사의 딜레마에 머물다 부지불식이든 아니든 어느 순간 무례 무정 무책임 무자비의 최초 유포자가 되기 위하여 대나무 숲으로 달려가고 우물가를 두리번거리거나. 향방 없는 바람에 무감 무애 무진 무변으로 휘돌아다니거나.

나는 지금 최초 유포자가 되어 엄청난 비밀을 누설할 것이다. 명백히 어제까지는 비밀이었다. 읽고 왕창 김빠질 독자를 위하여 잠시 심호흡을 권해 드린다. 행여 바람이 되려 하는 그대에게도 잠시만 잠시만···.

좀 멀리 초등학교 6학년으로 거슬러 올라간다. 당시에 진주의 신설 사립중학교에서 장학생을 뽑는 시험이 있었는데 상당한 혜택이 있었던 걸로 안다. 담임선생님은 나에게 방과 후 따로 남도록 하여 시험공부를 시켰다. 문제를 풀고 설명을 들었다. 끝나고 밖으로 나왔을 때 한동네 친구가 기다리고 있었다. 선생님은 둘이 같이 가라며 등을 다독거려 배웅했다. 늦게까지 기다려 준 친구가 무척 고마웠지만 어떤 말로 표현했는지 기억은 없다. 집으로 가는 길에 꼬빡 해가 졌다. 학교에서 집까지, 저수지 둑길과 이어진 산길까지 십여 리를 걷는 동안 둘이 무슨 말을 주고받았는지도 기억에 없다.

다음 날, 그다음 날이 되었다. 선생님은 급식으로 주는 강냉이 식빵을 한 덩이씩 우리 손에 들려주며 어서 집에 가라 손짓했다. 빵을 먹었는지는 모르겠다. 저수지 둑길 한가운데쯤 왔을 때 별안간 그 일이 일어났다. 책 보따리를 땅에 패대기친 친구가 내 머리끄덩이를 잡아당겨 땅바닥에 자빠뜨렸다.

"집에 가서 저녁밥 해야 하는데 선생님이 너랑 같이 가라고 남으라 했다."

선생님인지 나에게인지 분노의 주먹질로 머리와 등을 마구 때렸다. 그 아이로 말할 것 같으면 모내기 철에는 학교 대신 어른들 틈에 끼여 모품을 파는 아이였다. 나는 감히 울 수조차 없었으며 생전 처음 공포를 느꼈다. 얼마의 시간이 지나가자 분을 추슬러 재운 친구가 나동그라진 내 책 보따리도 마저 챙겼다.

"말하면 가만 안 둔다!"
다행히 사방은 침묵했고 본 사람은 없었다.
"가자!"
그러고는 내 앞서 걸었다. 전혀 빨리 걷는 것은 아니었다. 말없이 뒤따르는 나와의 거리를 가늠해가며 걷는다는 걸 으스름과 두려움 속에서도 나는 알 수 있었다. 그제야 눈물이 양 볼을 타고 흘렀지만 단단히, 입술을 감물었다.

— 《갈필 속에 들다》 2023

아무튼, 15도 각도

뜻밖의 장소에서 그 작가를 만났다. 나는 수필 입문부터 글과 명성으로 익히 그를 알아 왔다. 아는 정도를 넘어 흠모했다. 그런 작가를 만나다니. 일행 중의 누군가가 나를 소개한다.

그가 15도 각도의 얼굴을 약간만 돌려서 나를 봤다. 아무것 읽을 수 없는 표정이었다. 흠모하는 작가의 무표정에 기가 눌리고, 인색한 미소에 한껏 무안했다. 얼굴을 든 15도 각도만이 짙은 잔상으로 남는다. 저 충일한 자아존중 15도 각도의 밑절미가 무엇인지 글인지 미모인지 재력인지, 어느 것을 짚어도 나와는 견줄 수 없는 것들이긴 하다.

별나게도, 이미 존재하거나 새로이 인식하는 다양한 물

상의 15도 각도들에 천착한다. 이를테면 못을 박을 때 위로 15도 정도 각도를 주어서 박아야 안정적이며 나중에 빠지지도 않는다는 것이 그렇다. 수유 후의 역류 방지를 위해서는 아기의 상체를 15도 각도로 기우듬하게 누여야 한다는 것과 최근 어린이집에는 밥 먹기 편하게 뒤쪽을 15도 각도 올려서 제작한 식판이 있다는 것과 재래시장 좌판의 생선도 15도 각도로 대가리를 올려서 진열해야 시선을 끈다는 것도 그것이다. 유영호 조각가의 〈그리팅 맨〉은 상체를 15도 각도로 숙여 인사하고 있다. 그냥 숙이는 게 아니라 상대를 존중하면서도 가식 없이 자신을 낮추는 태도라고 한다. 관계 형성의 시작이라는 15도 각도의 미학이다. 마침 옆자리의 J 작가가 조곤조곤 일렀다. "남편이 연애 시절 비 오는 날이면 우산을 내 쪽으로 15도 각도 기울여서 들어주었어요."

내가 마주했던 인물들의 15도 각도는, 각도의 방향이 상하좌우 어디였든 긍정적이든 부정적이든, 아무도 범접 못할 그들만의 존재 명징한 사유지였다.

댓돌 옆에 벗어 둔 그이의 흰 코고무신은 언제 봐도 뒤꿈치는 붙어있고 앞부리는 15도 각도로 벌어져 나란하다. 이번만은 조신하게 벗어야지 마음먹지 않은 담에야 내 신발 한 짝은 어김없이 마당에다 코를 박고 다른 한 짝은 마루청 밑으로 숨는다. 음전하게 놓여있는 15도 각도의 고무신이

경이로웠다. 사람들이 그이를 일러 뽕도 버릴 게 없다고 했는데 그게 무슨 뜻인지 그때는 몰랐다.

여학교 일 학년 때의 같은 반 남정이는 그림으로 전국대회에서 상을 받곤 했는데 외모까지 눈에 띄었다. 아무튼 나처럼 오동통하지는 않았다. 그는, 누가 뭐라 그러지 않는지 '귀밑 일 센티의 단발머리에 핀을 꽂는' 교칙에서도 예외였다. 윤나는 머리칼로 반쯤 가린 딱 15도 각도의 얼굴로 천천히 복도를 걷곤 했다. 기억건대 그날 미술 시간의 수업 주제가 '구성'이었다. 여러 개의 선을 그어 만들어진 면에다 색칠을 입혀서 표현하는 그런 것. 내 그림을 본 그가 선생님처럼 칭찬했다. 자존심 없는 내 가슴이 자꾸 두근댔다. 명문대학 미술학과에 진학했다고 들었는데. 그때 남정의 15도 각도를 숨김없이 인정한다.

대학원의 두 학기 철학 수업은 특히 교수님에 대한 기억이 별나다. 새 양복도 그가 입으면 금세 후줄근해질 것 같았고 헤어스타일도 애먼 책가방까지도 다 허름했다. 강의 시간에는 자주 15도 각도로 몸을 돌려서 지그시 학생들을 봤다. 전공 학문에 대하여, 정통 철학을 수학했다는 독일의 대학에 대하여 자부심이 남달랐다. 거짓말을 양껏 보태자면 당시의 국내 학계에는 동문이 없다는 말을 두 번의 수업에 한 번의 빈도로 들었던 것 같다. 그 말을 할 때마다 15도 각도로 몸을 틀었다. 엔간히 나이 먹은 우리는 입을 삐죽거렸으나 예의를 지켰다. 그의 15도 각도 때문에 전공이 아니라서 제목대로 개론만 들었던 철학 개념과 사조들이 지금까지도 내 지적 공간의 한 부분을 메운다.

꼬박꼬박 오래 몸담던 일을 그만둔 것은, 눈만 뜨면 헤어클럽부터 감아대는 소란을 끝내고, 시간이니 일정이니 관계의 구속과도 멀리하고, 성취해야 할 명예도 지위도 없는 범배凡輩로서 한껏 게으름을 부리며 자적하고자 함이건만, 새로이 맞닥뜨리는 상황들은 난데없는 복병이 되어 낯설거나 서툴거나 주저되었다. 한 그룹의 모임에서는 재테크에 대하여 할말을 잃고, 또 다른 그룹의 모임에는 취미와 여가에 못 끼어들고, 살림의 고수들과 만난 날에는 손수 띄운 질금으로 빚었다는 단술 한 병을 받아왔다. 그들과 헤어져 돌아오는 길은 늘 터덜거린다. 어느덧 예사가 되어버린 심정들이 한 발짝씩 더 내딛더니 자괴감의 경계에 닿기는 그리 오래 걸리지 않았다. 그 너머의 허무가 빤히 보이다가는 들락거렸다.

그러하던 한 날이다. 우연한 사진 속에서 15도 각도로 고개를 숙이고 어깨마저 옹그린 뒷모습과 마주했다. 내가 모르는 내 뒷모습과의 대면이다. 삭제도 수정도 안 한 본연 그대로이다. 낯설고 불편한 15도 각도이다. 허무와 동거하는 불안한 사생활이 적나라하게 드러나 있다. 작가 미셸 투르니에 역시 에세이 〈뒷모습〉을 통하여 "등은 거짓말을 할 줄 모른다. 뒷모습은 진실이다."라고 했다. 팽팽했던 내 지난날은 어디로 갔는지, 흐트러져버린 평형이 얼척없다. 뜻밖의 사진 한 장이 갇혀있던 자아를 환기했다.

  서두의 작가에 대한 존경을 회복한다. 본인의 소명 없는 시시하고 미미한 이유만으로 순전한 15도 각도를 곡해하는 것은 촌스럽기 그지없는 나의 자의식이다. 그 작가는 15도 각도에 더 빳빳하게 힘을 주어도 된다.

  전범이라 할 수필 한 편 못 썼으나 유명 작가가 있으면 무명 작가도 있어야 글 판의 평형 아니겠나. 무명 작가일지언정 잠잠히 내 글을 써나갈 것이다. 반액으로 한꺼번에 산 몇 종류의 청바지와 색깔별 운동화를 번갈아 신고 나다닐 것이며, 두어 달 후에는 돈을 안 내고도 지하철을 탈 것이고 명승고적에도 그냥 드나들 것이다. 그저 이만큼 살아낸 것만으로도 15도 각도, 존재 명정하게 살 일이다.

                                            – 《수필오디세이》 2021. 겨울

다시는 그런 날이 오지 않을 것 같아서

 신선이 노닐었다는 회동수원지의 선동 둘레길을 여러 달 걸었다. 벚꽃잎이 흩날려 길바닥은 꽃길이 되고, 닭백숙집 담벼락에 앵두가 익어가고, 이웃 동네 태종사의 수국 소식이 들릴 때까지 걸었다. 청하지 않은 역병이 내내 함께했다.

 봄보다 한 발짝 먼저 코로나19가 들이닥쳤다. 뉴스는 연일 확진자를 보도했고 간간이 알리는 사망자 수는 공포였다. 한 도시가 고립되다시피 했다. 평온했던 일상이 한날에 사라졌다. 방호복을 입은 의료인들은 공원에서 바람을 쐬거나 카페에서 커피를 마시는 지극히 소소하고 당연한 일상의 것들을 '꿈'이라고 말했다. 시뻐하던 마스크를 사기 위해 약국 앞에 길게 줄을 섰다. 그나마도 일주일에 한 번 출생연도에 따라 정해진 날만이다. 흉흉한 소문이 난무했다. 누구랄 것도 없이 만나기를 꺼리니 불러줄 이도 불러낼 이도 없는 날들, 꼼짝없이 집안에 갇혀있다. 살다 보니 미증유란 말을 써 보는구나. 이제는 재앙도 그리 먼뎃말이 아니다.

 수업하는 일도 수업받는 일도 봉사며 예배까지 다 멈췄다. 어차피 바깥에는 못 나가고 솥발내기로 집에만 있느니 이참에 언니들과 시골집에 내려가서 얼마 동안 지내다 올까 하고 운을 떼어봤다. 행여 뒤돌아서서라도 오지 말란 말은 입 밖에 내 본 적 없었을 큰올케언니의 에두른 대답에 그만 실소했다. 시골 인심이 더 숭악하단 말도 있지 참.

 "동숭들이 오믄야 내사 좋지만 동네 사람들 눈이 무서버서. 장터 어떤 집에 손님이 댕기 갔는데 누가 면사무소에 신고를 했다네. 혹시 대구에서 온 사람이냐고 조사를 나왔다 안 허나."

 몹쓸 역병에도 어김없는 계절의 순환, 무궁화 삼천리 화려강산을 앞질러 벚꽃이 저 혼자 만개했다. 여상한 해였다면 겨울을 보낸 이맘때에 봉사활동을 시작했을 것이다. 허물없는 수다와 함께 마지막 설거지를 끝내고 앞치마를 벗어 개었을 것이다. 볕살 보드라운 날에는 함께 쑥이라도 캤을 것이다. 그런 그들이 꽃소식을 전했다. 얼굴 한번 보자

했다. 봉사활동을 못 해 서운하니 그날에 모여 벚꽃 길을 걷자 했다. 대여섯이 모였다. 일제히 마스크로 입을 가렸다. 전에 없던 풍경이다. 그러나 별수 없었다. 겨우내 꽁꽁 싸매 놨던 수다가 쏟아져 낭자했다. 벚꽃이 벙글다가 피다가 지다가 난분분하니 어지러웠다.

벚꽃비가 내릴 즈음에 일행 중의 한 사람이 안 보였다. 꽃비를 맞고 몸살이 났단다. 남은 사람들끼리 벚꽃 진 길을 지나 이팝나무 길을 걸었다. 구부슴한 듯 쭉 뻗은 길은 끝이 아슥했다. 되돌아올 때는 한 사람이 다리를 절었다. 이팝나무꽃이 다 지기도 전에 다리를 절던 한 사람이 안 보였다. 그러는 사이 보드랍던 봄 볕살이 탱탱하니 여물었다. 사방 연초록을 초록으로 연단시켰다. 송골송골 이마에 땀을 맺고 여린 살결의 드러난 팔뚝과 목뒤에다 벌겋게 헤살을 부렸다. 그렇게 또 한 사람이 안 보이더니 종내는 그와 나, 둘만 남았다.

그가 앞서서 걷는 길은 나도 한 번쯤 걸었을 법도 하건만 기억이 부실하거나 초행이다. 노포동에서 상현마을로 넘어가는 산길은 옆에 길게 상류의 수영강을 끼고 있다. 햇풀 우거진 야산의 겁 없는 칡넝쿨이 길가에까지 내려와 있다. 어쩌면 길이 생기기 훨씬 전부터 그곳에 있었을 키 큰 나무들 사이로 얕은 강물이 유유하다. 이 길은 매번 데자뷔를 일으킨다. 전아했던 한 드라마의 엔딩이 떠오른다. 위태했던 결혼생활을 청산한 여주인공이 자전거를 타고 달리던 길과 닮았다. 삶이 강물 같다던 독백이 들린다. 울돌목을 만나도 바윗돌에 부딪혀도 흐르는 것을 그만두지 않는 강물이라 한다. 나도 드라마의 여주인공처럼 자전거를 타고 싶었노라 했다. 그는 오랫동안 자전거를 탔으나 지금은 그만두었노라 한다. 암 수술 후 회복 중인 남편이 힘들어해서란다. 그 드라마의 제목이 〈아내의 자격〉이다. 묘하여 어질했다.

상현마을 들목에서 만난 골담초가 반갑다. 저쯤에 모여 있던 남자 몇이 지금껏 골담초를 아는 사람은 우리가 처음이란다. 골담초꽃을 따고 꽃잎을 섞어 쪄낸 개떡을 먹던 내가 어찌 골담초를 모를까. 텃밭 울타리가 된 산초나무의 이파리가 무성하다. 며칠 후에 다시 보니 산초나무를 빙 둘러 그물이 덧씌워져 있다. 행인들의 손 타는 걸 막기 위함이란다. 모퉁이 닭백숙집의 익은 앵두나무 가지가 담 밖으로 축 늘어졌다. 고개를 빼서 보고 있는데 "따 먹어보세요." 주인 목소리다. 옛적 시골에서는 산과 들에 산초는 아무나 따가도록 두어도, 앵두 한 알 몰래 따 먹으면 줄행랑을 쳐야 했는데…. 길가에 흐드러진 삼색병꽃만이 예나 지금이나 어엿하다.

갈맷길 8코스로 접어든다. 새내마을을 지난다. 잠시 쉬어 가자 했다. 지붕에 먼지를 뒤덮은 구멍가게 앞 나무의자에 앉았다. 주인 여자는 뜸했을 손님이 반가운 듯 자꾸 말을 걸었다. 우리를 한참 아래 동생 대하듯 하대했다. 가만있어도 될 걸 몇 살이냐 물었다. 갑장이다. 그러나 우리 둘 다 그 말은 안 했다. 그가 배낭을 열어서 정갈하게 썬 과일과 어린 쑥으로만 먹기 좋게 빚은 떡을 꺼내고 사과잼을 담은 작은 병은 따로 내 배낭에 넣어준다. 나는 그의 솜씨를 익히 안다. 교회 수련회에서는 백여 명 분량의 음식을 종류대로 척척 해내었다. 음식뿐인가, 낡은 성경책 씌우개를 만드는 것은 신기神技에 가깝다. 낡은 성경책의 가로세로 크기에 따라 본을 뜨되 모서리와 지퍼와 단추까지 계산해서 마름하고 낱낱이 손으로 박음질한다. 몇몇이 착실한 수강생처럼 이르는 대로 따라 했지만 내 것은 기어이 그의 손 마무리를 거쳐야만 했다. 손방이라 해야 마땅할 내 한정된 손재주로 그 어려운 걸 해내기란 애초부터 불가능했다. 겸허라 할지 겸손이라 할지 한 겹씩을 껴입은 날이다. 나의 영글지 못할 자랑들을 가만히 덮었다.

제법 너른 양파밭을 지나 임도를 걷는다. 더 걸어가면 그곳에 땅뫼산이 있고 그 산에 황톳길이 있다. 나를 데리고 여러 달을 걸어 준 그, 같은 교회를 다녔어도 적당한 거리에서만 보아왔다. 여즉 속을 썩이는 역병의 아이러니라니. 코로나19가 아니었다면 길가에 달맞이꽃도 인동초도 뱀딸기도 옛것 그대로인 것을 더디 알았을 것이다. 가까이 나보다 썩 괜찮은 그를 몰랐을 것이다. 소신을 고수하되 배려를 잃지 않는 그의 화법을 알지 못했을 것이다.

역병의 날들이었다. 다시 와서는 안 될 것이나 다시는 그런 날이 오지 않을 것 같아서, 주저주저 더듬어 쓴 글이 각별하다.

— 《에스프리드레》 2020

3. 한때 장미였던…

세상의 모든 시간, 다시 못 올 그 기막힌 순간이 영원임을….
— 김종희 글. 그림 《사랑도 기적처럼 올까》에서

한때 장미였던 / 다시, 소녀 / 구두 서사 / 늙은 호박
계모, 서모 / 제3의 그랜마 / 나의 대상포진 일지
팔이 뽈라졌다 안헙니꺼 / 있었던 것들에 대한 그리움
댁의 머느릿감으로 간호사는 어떠세요?

한때 장미였던

 장미가 만개한 오월 한 날이다. 그녀들이 꽃인지 꽃이 그녀인지 구별이 안 되었다. 애써 구별하고 싶지도 않았다. 장미꽃밭은 내가 선 곳에서 끝이 멀고, 꽃 모자와 꽃 블라우스와 꽃가방의 그녀들, 언뜻 보이는 양말목에도 꽃을 수놓았다.

 사람을 꽃에다 비유하곤 한다. 가수들은 〈꽃밭에서〉 노래하다가 〈엄마의 프로필 사진은 왜 꽃밭일까〉라며 노래하고 〈사람이 꽃보다 더 아름다워〉를 호소하듯 노래한다. 《꽃으로도 때리지 말라》, 아프리카 봉사활동의 소회를 적은 여배우의 글은 사람이 곧 꽃이라는 역설이다. 꽃을 읊은 시인은 동서고금에 또 얼마인가. 사실이든 아니든 릴케는 장미의 시인답게 장미 가시에 찔려 죽었다고 한다. 릴케에 심취한 김춘수 시인은 "내가 그의 이름을 불러주었을 때 그는 나에게로 와서 꽃이 되었다"라며 꽃 시를 지었고, 동향의 시인에 영향받은 유병근 스승을 두고 "꽃의 시인"이라 적은 추모 기사를 읽었다. 신화에도 꽃이 등장한다. 등장하는 꽃들은 저마다의 사연과 꽃말을 가진다. 다는 아니지만 나라마다 국화가 있고 도시마다 시화가 있으며 학교마다 교화가 있다. 사람의 희로애락과 생로병사의 현장에도 마땅히 꽃이 있다. 그중에 으뜸이 장미일는지도.

이름이 '장미'인 지인이 있었다. 향내가 날 법한 이름이어서인지 출석을 부를 때마다 두 번씩 부르는 건 예사였단다. 일어서보라는 것도 이보다는 나았단다. 어떤 교사가 들어오자마자 "이 반에 장미 있지? 어디 보자. 너의 아버지가 장미를 한 번도 안 보신 모양이구나."라고 하였다며 억울해했다. 반전이라면 그녀 이름 뜻인즉 꽃 이름 장미와는 아무 상관이 없다는 것이다.

둘째 아이를 낳을 때였다. 한눈에도 애티가 나는 산모와 한 병실을 썼다. 첫아들을 낳았다며 축하 방문객이 줄을 이었고 엄청나게 큰 장미 꽃바구니가 함께 왔다. 나에게는 방문객도 꽃바구니도 없었다. 예정일을 앞당긴 출산에다 아이가 인큐베이터에 있어 아무에게도 알리지 않았다. 부석부석한 얼굴에 기미까지 낀 서른 중반의 당시로는 노老 산모였다. 밥때가 되면 앳된 산모의 친정엄마가 내 앞에 식판을 갖다 놓고 식기의 뚜껑을 열고 수저를 손에 쥐여주었다. 밥 먹으라는 말도 고맙다는 인사도 서로 아꼈다. 침대에 누우면 꽃바구니 가득한 꽃이 산모의 얼굴이 되었다가 젖을 빠는 아기의 머리가 되었다가 병실을 걷는 그녀의 배경이 되었다가 했다. 이따금 열린 창을 타고 넘어온 바람이 장미꽃 향내를 덜어다 나에게 안겼다. 모든 것이 우중충했던 산후에 그것은 찰나의 황홀이었다. 어쩌면 꽃을, 정확하게는 장미를 좋아한 시작이 그때부터 아니었을까.

오월 한 날에 멀리 타국의 장미축제에 불려온 꽃들 모두는 제 나라와 제 이름의 팻말을 달고 서 있다. 프랑스 국적의 마틸다가 무슨 국제 콩쿠르에서 금상을 받았다며 으스댄다. 덴마크에서 온 룸바의 자태가 아담하고 야무지다. 한껏 붉은 독일의 클레오파트라이다. 이름처럼 작고 사랑스러운 러블리 훼어리는 네덜란드에서 왔단다. 이웃 나라에서 숨가쁘게 후딱 왔을 히오기는 미처 꽃잎 다물 새가 없어 뵌다. 대놓고 미스터 링컨이라 불러달라는 미국 장미가 위엄의 흑홍색으로 주변을 압도하고 벤자민 브리튼, 잘생긴 영국 신사를 연상시키는 장미까지. 그들 사이사이로 분명 한때 장미였던 덕이 옥이 순이 점이…, 그녀들 전부가 장미와 겯듯이 걷고 있다.

감춘 속, 은결든 마음이야 어떤들 어떠하랴. 대문 닫고 돌아설 때 문 안으로 밀어 넣었을 온갖 염려들. 간밤에는 나이 든 남자의 안쓰러운 잠꼬대. 새것으로 교체하고 급히 나오느라 떼어 그대로 두었을 관절염 파스며 깜빡 잊고 안 챙겨 먹었을 혈압약까지. 꽃인지 자신인지 헷갈리는 지금 무슨 대수일까. 쟁명한 하늘을 가르는 새된 웃음, 풀어헤친 수다, 짓궂고 싱거운 우스개까지 다 청량이 되는 이 순간, 장미는 무르익고 바람이 향을 나른다. 부유하는 세월에 어쩌다 먼발치가 되어버린 그대, 한때 장미였던 그대, 이제는 낯설다 문득 아린 그대에게 보낸다.

    장미는 시드는 모습조차도 아름답다지.

-《수필과비평》 2022. 8

다시, 소녀

 같은 교회를 오래 다녀도 그리 가깝지는 않았다. 그럴 만한 까닭이야 그이에게도 있을 것이나 나의 이유는 예수쟁이로도 너절하고 보통의 관계로도 개운하지 못했다. 한 사람은 많이 배운 티가 나서, 한 사람은 많이 가진 티가 나서. 그런데 오늘 보니 둘 다 나이 들어 참 예쁘다. 다시 소녀를 본 듯하다.
 예배를 마치고 집으로 가는 지하철을 기다리는데 저쯤 의자에 나란히 앉은 두 분 권사님이 서로 머리를 맞대다시피 하고 있다. 나누는 대화가 심오한지 시선도 표정도 사뭇 진지하다. 저런 풍경은 지난주도 그랬고 그전에도 몇 번 본 적 있다. 그때마다 목인사만 하고 지나쳤는데 오늘은 말을 걸어보고 싶었다. 주위를 잊은 듯한 열중에도 한치 풀지 않은 다소곳한 앉음새에 내 걸음이 이끌렸음인지, 있음 직한 그간의 거리가 줄어든 듯도 하다. 나는 한 분의 집이 교회 근처인 것을 들먹이며 자주 지하철을 타고 어디 가시냐는 말로 인사를 건넸다. 권사님은 자리에서 일어서며 별일이나 하다 들켜 부끄러운 듯 답한다.

"배웅도 하고 이야기도 하고 그런답니다."

왜 아잇적에 그런 적 있지 않던가. 동무들과 놀다 헤어지기 아쉬워 겨끔내기로 서로 바래다주곤 했던…. 지금 일흔의 두 분 권사님이 딱 그런 소녀만 같다.

그날 밤 연회 분위기는 무르익었다. 예순의 내가 막내뻘이 되는 여학교 동문 문인들의 문학기행이다. 문학이 아니더라도 자기 분야에서 내로라하는 동문들의 기운이 해운대의 밤을 너끈히 지배할 판이다. 여든을 훌쩍 넘긴 한 분이 순서에 있는 자신의 시를 낭송하고서는 두 손을 배꼽 위에 맞잡고 소녀처럼 무릎을 까딱거리며 노래를 부르기 시작했다. 한참 선배의 뜬금없는 전개에 들음들음 술렁거렸으나 나는 아랑곳없이 따라 불렀다. 세상에 이 노래! 코끝이 시큰했다. 가사 한 줄 한 줄이 어제 부른 듯 명징하다.

올해도 과꽃이 피었습니다
꽃밭 가득 예쁘게 피었습니다

> 누나는 과꽃을 좋아했지요
> 꽃이 피면 꽃밭에서 아주 살았죠
> 과꽃 예쁜 꽃을 들여다보면
> 꽃 속에 누나 얼굴 떠오릅니다
> 시집간 지 어언 삼 년 소식이 없는
> 누나가 가을이면 더 생각나요

초등학교 삼 학년인가. 군용 지프를 타고 전쟁 때 미사일 기지가 있었다는 소오산 꼭대기에 올라가 군인들 앞에서 이 노래 '과꽃'을 불렀다. 저기 여든의 선배처럼 손을 맞잡고 무릎을 까딱거리면서…. 때때로 혼자 이 노래를 부르며 과꽃 닮은 소녀였을 내 모습을 그리곤 한다. 그 아이는 어디 있을까. 아직 내 속에 있을까. 멀리 두고 왔을까. 들썩이는 질문과 함께 소녀적 나와 지금 나와의 거리를 성찰하기도.

과꽃의 노랫말에 이입되어 가만히 서러웠던 적도 있다. 사십 년 가까이 지난 이야기이다. 결혼 후 직장과 시집살이하는 몇 달 동안 친정 나들이는커녕 친정붙이도 만나지 못했다. 당시 영유아 예방접종을 담당하는 육아상담실이 내 근무지였는데 한창 상담 중에 전화를 받았다. "오빠다. 부산에 볼일 보러 왔다가 전화했다. 잘살고 있제?" 수화기 너머 큰오빠의 목소리였다. 나는 수화기를 든 채 그야말로 꺼이꺼이 통곡했다. 테이블 건너의 젊은 엄마가 놀라 밖으로 나가고 직원들이 달려왔을 때 이미 전화기는 꺼져 있고…. 참, 과꽃은 시골집 꽃밭에 지천으로 피던 꽃인데 요즘은 꽃 보기가 영 드물다.

 아무렇든지, 지금 내 앞의 그이들에게 봄풀내 풋풋하기를 바라는 것은 아니다. 여러 번 잘 헹군 빨래에서만 난다는 청신한 새물내라면 그만이겠다. 오직 나의 소녀는 밉지 않을 것, 그리하여 흐뭇할 것.

 가만 둘러보면 주위에 그런 소녀들이 참 많다. 아파트 목욕탕에서 자주 만나는 그이가 얼마간 안 보이더니 그동안 '얼굴이 더러워서' 피부과에 다녔단다. "딸이 자꾸 뭔 소리를 해서, 내 얼굴이 아니라 지 얼굴이 부끄러울까 봐." 그 말을 할 때 영락없는 소녀 폼이다. 오늘도 M 시인의 차림 표정 목소리가 소녀처럼 사랑스럽다. 여든이 넘은 시인은 명문여고와 명문대학을 나온 인텔리 할머니다. 그런 그이와 함께 십수 년 문학회 동인으로 있는 동안 누굴 나무라거나 하다못해 군담이라도 하는 걸 들은 적이 없다. M 시인에게는 사람의 좋은 점만 골라보는 DNA가 따로 있는지 언제고 궁금하다. C 선생은 여든 또래인 Y 선생의 건강에 자꾸 애가 쓰인다. "아프지 말아요." 그 말을 할 때는 안을 듯 Y 선생의 허리에 팔을 두른다. 어이 그러시냐 짓궂게 놀려도 개의하지 않는다. 도무지 밉지 않은 C 선생 때문에 수필

수업 내내 흐뭇하다.

  생각하면 마냥 쓸쓸한 기분이 들게 하는 그런 그이도 있다. 교회 휴게실에서 만난 그이는 머리 염색 시기를 한참이나 놓친 티가 표났다. "아들이 대학 갔다면서요?" 나를 반기는 인사에 어떤 말로 답을 하나 잠시 머뭇거리자 옆에서 대신한다. "대학 간 지가 언젠데요." 그날 휴게실을 나오면서 나는 좀 슬펐다. 벌써 십여 년 전에 지금과 똑같은 말로 덕담해 주셨건만…. 그이를 맨 처음 만났을 때를 떠올렸다. 진주목걸이를 한 고운 목을 기억한다. 아, 세월이 굿게 흘렀구나. 아무래도 다시 소녀 같다는 말은 못 드릴 것만 같아 송구하다.

-《일신문학》 2023. 12

구두 서사

 사뿐사뿐 내 옆을 지날 때마다 구두를 본다. 색색깔의 구두마다 리본이 매였거나 구슬이 달렸거나 보석이 박혔거나 여하튼 그냥 보통의 구두는 아니다. 묶거나 혹은 풀었거나 긴 머리를 찰랑이며 피아노 페달에 발을 얹는다. 건반 위의 손놀림과 여음 그리고 구두 장식은 서로 은밀히 어울려 색색의 행간을 만든다. 홀로 그 행간을 읽으며 주일 아침마다 그녀의 구두에 홀딱 빠진다.
 김응숙의 수필 〈구두〉 첫 문장도 "예쁘다 너는, 섹시하다 너는."이다. 구두가 여성의 전유물은 아니지만 유독 여성과 구두 사이에는 예쁘다 섹시하다의 연관성을 배제할 수 없는 모양이다. 미국 TV 시리즈 《섹스 앤 더 시티》의 여주인공 캐리는 구두에 과도한 집착을 가진 슈어홀릭shoeaholic 으로 등장한다. 뉴욕 한복판에서 강도를 만난 그녀는, 핸드백 반지 시계 다 가져도 좋으니 이 구두만은 제발 가져가지 말아요! 하며 외친다. 이 TV 시리즈로 하여 '마놀로 블라닉'이라는 구두 브랜드가 삽시간에 유행했다. 가수 마돈나는 섹스보다 마놀로 블라닉이 더 좋다고 말했다 하니. 전설적인 슈어홀릭이라면 3천여 켤레의 구두를 모았다는 필리핀의 이멜다를 들먹이지 않을 수 없다. 구두를 모으는 것은 인간의 본능이라 말한 그녀는 자신이 가진 구두로 구두박물관을 개관했다고 한다.

  사랑과 연모에 구두(신발)가 등장하는 것은 제격이다. 화가 박수근의 〈청색 고무신〉은 아내 김복순의 고무신을 그린 그림이다. 한 켤레의 평범한 청색 고무신을 그토록 사랑스럽게 그리기까지 화가는 오랜 시간 면밀하고 애정 어린 눈으로 아내를 바라보았을 것이다. 좀 오래된 영화 〈대통령의 연인〉은 재선과 사랑에 성공하는 가상의 미국 대통령 이야기이다. 정치는 능숙하나 연애는 미숙한 아빠의 첫 데이트를 위해 어린 딸은 구두가 예쁘다고 말해주라며 충고한다. 최근 방영하는 TV 드라마 〈연인〉의 한 장면이다. 볼모로 가는 세자를 따라 청나라로 떠나는 남자주인공은 연모하는 낭자에게 세상 제일 예쁜 꽃신을 들고 오겠노라 약속한다. 결말이 어떠할지.

그러고 보니 청나라에는 하이힐처럼 굽이 높은 꽃신 '기혜'가 있고 중국 여인들은 전족에다 꽃신 '당혜'를 신었다는데 뒤뚱거리는 걸음걸이가 여인으로 하여금 관능적인 매력을 발산하도록 유도했다고도 한다. 하긴 별나게 엉덩이를 흔드는 걸음걸이의 배우 마릴린 먼로도 한 인터뷰에서 자신을 성공의 길로 높이 올려준 건 바로 하이힐이었다고 했단다.

보은과 헌신에도 구두는 마침하니 등장한다. 그새 환갑 나이가 된 질녀에게 고모들이 손부끄러울 만한 축하금을 보냈더니 그 돈을 도로 부치며 함께 딸려 보낸 말이 마치 김수현 작가라도 되는 양이다. 머리카락으로 신을 삼아드려도 부족하건만…. 별쭝스런 질녀 때문에 작가가 쓴 드라마의 대사를 톺아본다. 〈사랑과 야망〉의 태수는 이혼한 자신의 두 아이뿐 아니라 이혼한 아들의 아이까지 맡아 키우는 아내 은환에 보은할 것을 아들과 다짐한다. 너랑 나랑 머리카락으로 신발 한 짝씩을 삼아서 새엄마에게 드리자고. 〈청춘의 덫〉의 여자 주인공은 자신의 과거를 들먹이지 않고 청혼하는 남자에게 헌신을 고백한다. 하늘이 허락하면 머리카락을 뽑아서 신발을 삼아 드리겠어요.

오묘하고 숙연한 사유가 구두에 어찌 없겠는가. "신발은 웃음과 울음과 고단함과 쓸쓸함이 오롯이 담긴 한 채의 집이다. 먼 길을 동행하는 나룻배다. 삶의 색깔과 냄새와 영혼을 사려놓은 삼광주리다. 그러기에 마지막 가는 길에 꼭 챙기는 유품이다. 신발 신는 시간에 겸허를 배운다. 아무리 거들먹거리는 사람이라도 신발을 신을 때만큼은 고개를 숙인다." 아무렴, 김미연의 수필 〈신발 신는 시간〉을 다시 읽을 일이다.

내 청춘의 한때도 구두와 얽혀있다. 학생으로는 값나가는 구두를 가진 적이 있었다. 가는 가죽끈 세 줄이 발등을 두르는 예쁘고 섹시한 빨간 구두였다. 당시 어느 잡지에서 "왜 대한민국의 잘생긴 젊은 남자들은 다 구둣방에서 여자들의 발을 만지고 있는가."라고 적혔던 그 남자에게 맨발을 내밀어 손으로 본을 뜨게 해서 맞춘 구두였다. 친구가 그만 내 구두에 반했다. 그리하여 빨간 구두는 내 발이 아니라 친구의 발을 더 자주 감싸고 기차를 탔다. 한밤중에 사감의 눈을 피해 음악감상실 구석자리에서 친구의 남자친구 만난 이야기를 들었다. 남자친구가 미국으로 이민 가던 날에도 내 빨간 구두는 공항까지 따라가서 배웅했단다. 나는 빨간 구두를 전령 삼아 가본 적도 없는 공항에서 연인과 이별하고 온 심상이 되어 그윽이 구두를 바라보곤 했다. 지금은 먼 나라에 사는 친구와 카톡으로 안부를 묻는다.

구두 서사는 더 있다. 그간 비밀리 감춰두었던 낭패기쯤 된다. 뾰족한 구두 굽이 유행이었다. 한껏 멋을 부리며 걷는데 구두 굽이 엉성한 보도블록 틈에 야무지게 끼여서 빠지지를 않았다. 무릎은 까져서 피범벅이고 어찌어찌하다 경찰차를 탔다. 굽 빠진 구두 한 짝을 손에 든 경찰은 깽깽이걸음의 내 부은 얼굴을 외면한 채 말했다. "구두 굽이 끼여서 경찰차 태워보기는 처음입니다." 내 이름이 어느 파출소 사건기록에 여직껏 남아 있는지 진즉에 지워졌는지.

　세월이 흐르면 발도 따라 나이 드는가, 주인 닮아 저도 펑퍼짐이다. 예쁘고 섹시한 구두를 탐할 처지가 못 된다. 보며 동하여 빠지는 것으로 그만할 뿐. 오늘 아침에 만난 그녀의 구두는 푸릇푸르른 초록색이다. 큼지막한 리본이 발등을 다 덮었다. 탱글탱글 하얀 뒤꿈치는 그대로 드러냈다. 젊다는 거다.

－《에세이문학》2023. 겨울

늙은 호박

 필시 호박의 성별이 여자인 까닭이다. 세상 당당하게 피었건만 호박꽃도 꽃이냐며 시비를 건다. 어디 못생겼다 싶은 여자만 보면 옳다구나, 호박에다 빗댄다. 그뿐인가. "한 자리에 앉아 한평생 폭삭 늙었다" 늙은 호박의 일생을 이토록 슬프게 읊은 시인도 있다.
 하기사 호박의 호사를 본 적은 없다. 내놓은 땅 후미진 곳을 마다않는다. 볕만 든다면야 잡초들 틈에서 버팅기며 옹골차게 자란다. 무심한 곁눈질에도 주눅들지 않으며 그러는 꽃들마다 어김없는 열매를 맺는다. 땡볕과 비바람을 온몸으로 받아내며 누가 돌보지 않아도 저 혼자 여물고 저 홀로 익어간다. 벗은 엉덩이 걸쳐 앉을 변변한 자리 없어도 눈치껏 한 몸 건사한다. 만물이 영그는 가을날, 마침내 커다란 한 덩이 누렇게 늙은 호박으로 여문다. 이제는 내 세상이다. 여타의 애호박이니, 조선호박, 땅콩호박, 꽃호박, 단호박들이 다 저만큼 났는다.

  유년을 떠올리자면 그곳에 늙은 호박이 있다. 방천에 퍼더앉았던 누런 호박이 바깥채로 옮겨와 벽에 붙어 포개져 있다. 큼지막하게 올찬 놈과 시원찮은 놈, 인물 좋은 놈과 모질이 같은 놈으로 인정 없이 나뉜다. 생긴 대로 나뉘고 나뉜 대로 쓰인다. 늙은 호박의 여러 변신 중에 호박오가리를 뺄 수 없다. 속을 파서 껍질을 벗기고 길고 얇게 오려낸 것이 호박오가리다. 처마의 추녀를 매달아 이은 새끼줄에 드레드레 엮어 두거나 장독 위 대나무 소쿠리에 흩어 널거나 마당가의 평상 등 가을볕이 낮게 내리쬐는 곳이면 어디든 내다 말린다. 시골 농가에서 호박오가리의 쓰임은 숱하다. 반찬으로 죽으로 떡으로…. 이따금 도시의 식당에서 늙은 호박으로 쑨 죽을 내오면 유월콩이 들었는지를 먼저 살핀다. 더욱이 쪄서 말린 호박오가리를 아는 사람은 많지 않다. 흠! 호박죽에 유월콩도 안 넣고 쪄서 말린 호박오가리도 모르는 도시 촌놈.

  해마다 큰올케언니가 만들어 보내는 쪄서 말린 호박오가리찹쌀팥시루떡을 냉동실에 모셔 두고 아껴가며 꺼내 먹는다. 맛 모르는 남편한테는 못 준다.

가을걷이 때가 되면 시어머니는 논밭이며 산에서 나는 것들의 작황을 둘러보기 위해 고향 나들이를 했다. 며느리는 쏙 빼고 딸들만 대동한다. 며느리가 곳간 열쇠를 쥔 것도 아니건만 "올해는 밤이고 나락이고 다 올찮아서…." 시어머니의 그런 말을 들었거나, 베란다에 나갔다가 두어 덩이 늙은 호박이 뒹굴고 밤 자루가 드러누운 걸 보고서야 고향 다녀온 것을 안다.

어이 그러하였는지, 그해 고향 다녀온 날에는 딸네 집으로 며느리를 초대했다. 현관에 들어서자 익숙한 밤 자루가 눈에 든다. 집안은 온통 늙은 호박 냄새, 이미 부엌에서 샛노란 호박전을 내오고, 거실 바닥에는 누런 호박이 속을 뒤집고 누웠다. 고부간에 의좋은 듯 마주앉아 죽으로 쑬 늙은 호박의 껍질을 벗긴다.

"어머니, 호박오가리 넣은 시루떡도 맛있지요?"

하지 않았더라면 더 나았을 며느리의 물음이다.

"누가 호박을 먹어? 호박은 소나 먹었지."

듣지 않았더라면 훨씬 좋았을 시어머니의 대답이다.

졸지에 소나 먹던 호박을 먹고 살던 과거를 들켜버린 며느리는, 그 기막힌 와중에도 옛날 친정집 마구간의 소가 호박 먹는 걸 본 적이 있는지 없는지 그걸 생각한다.

그날 저녁, 며느리는 퇴근한 남편의 멱살을 드잡았다.

"딱 바른대로 말해요. 호박 먹었나 안 먹었나!"

만 가지 호박이 다 풋풋한 계절이다. 올찮은 수필가인 며느리가 애호박전 도톰하게 부쳐 식탁 위에 두고는 컴퓨터 앞에 앉아서 그야말로 올찮은 글 가닥을 다듬는다.

"어! 호박전 부쳤네."

이어 젓가락 부딪는 소리….

'그래, 저 속없는 남자의 멱살은 잡아서 뭣하나.'

이 글은 이쯤에서 그만 블랙아웃blackout이다.

—《부산수필문예》 2023. 가을

계모, 서모

 또 또 전처소생 자녀를 학대한 계모 뉴스이다. 죽이기까지 했다. 굶겨 죽이고 때려죽이고 가방에 넣어 밟아 죽이고 헤어드라이어 열기로 데워 죽이고 뜨거운 물 찬물로 제겨 죽이고…, 연필로 200번이나 찔러 죽였다. 가만 시청하기가 힘들어 대강 넘어갈까 해도 뉴스 채널마다 몸서리치는 내 기분 따위는 안중에도 없다.

 오십여 년 너머의 오래된 기억 하나가 조심스럽다. 친구는 장터의 가게와 붙은 집에 살았다. 방문을 열면 바로 건어물 가게였다. 그날 친구는 어른처럼 멸치볶음을 만들어서 밥상을 차려냈다. 지금도 친구가 멸치를 볶던 모습이 어렴풋하다. 막 밥을 먹을 참이었다. 웬 남자가 가게 안을 보고 서 있었다. 친구는 양푼에다가 밥과 반찬을 담고 숟가락을 걸쳐서 나더러 좀 갖다주라고 했다. 얼떨결에 밥 양푼을 들고 나가 남자에게 건넸다. "니 이름이 뭐꼬?" 목소리는 점잖았고 많이 그을긴 해도 이목구비가 반듯했다. 남자가 친구의 이복오빠라는 말을 바람결에 들었다. 친구의 엄마는 가게 밖 그 남자에게 계모였다.

 불편한…, 그렇다. 애써 떠올리기 불편한 한때가 나에게 있었다. 오래 외면하고 있던 기억이다. 일을 그만두고 종일 아이를 돌보던 때였다. 태어나자마자 호흡장애증후군을 앓아 한 달 만에 집으로 온 아이는 밤낮없이 기침을 했다. 먹이면 기침하고 기침하면 토하고…, 수북하게 빨랫감은 쌓이고 어느 때는 이불과 갈아입힐 옷도 부족했다. 한밤중 지치고 잠에 취해서 토해 놓은 이불을 걷지도 않은 채 새 이불을 덮어 깔고는 다시 아이를 눕힌 적도 있다. 그렇게 두어 해, 나는 우울했고 극도로 예민해졌다. 남편이 헛기침만 해도 고함을 질렀고 아픈 아이에게도 큰아이에게도 친절하지 못했다. 내가 계모라는 소문이 나돌았고 돌고 돌아 나에게까지 들렸다.

 그날따라 오후 내내 아이는 토했고 내 기운은 소진했다. 더러워진 옷이며 이불이며 치울 새가 없었다. 쪽쪽 욕실로 던졌더니 바닥에 널브러져 그득했다. 겨우 씻겨서 옷을 갈아입히고 우유를 먹인 아이가 또다시 왈칵 토했다. 머리가 팽 돌면 그리하는 것인지. 아이를 욕실에 둔 채 문을 닫았다. 자지러지는 아이의 울음도 문을 두드리는 절박한 소리도 멀리 아득했다. 때맞추어 초인종 소리가 났다. 욕실 앞에 다리를 뻗고 주저앉았던 내가 어떻게 문을 열었는지, 그때 내 모습이 어땠는지. 남편이 책가방을 내박치고 윗옷을 던지고 벗겨 내린 바지를 걷어차고 욕실로 달려갔다. 아이를 어르고 씻기고 입히고 먹이고 재우고, 욕실 바닥에 널브러진 것들을 초벌 빨래하여 세탁기에 넣고…. 그러는 내내 남편은 한마디 말도 안 했다. 나는, 그날 내가 했던 말을 똑똑하게 기억한다.

"내가 계모가 아니라서 얼마나 다행인지…."

세월이 지나도 그날의 그 말이 다행이라서 가슴을 쓸어내린다.

계모라는 말은 이미 오래전부터 사람들의 뇌리에 나쁜 이름으로 저장되어 왔는지 모른다. 잔혹동화라고도 불리는 동서양의 계모 이야기들이 다 고전古典이다. 그러니 글자를 알고부터 그런 동화를 읽어왔다. 시대를 넘어 영화나 연극, 애니메이션은 물론 다양한 패러디로도 재현되어 함부로 잊어버리지도 못하게 한다. 동화 속 계모들은 말 그대로 독악하고 잔혹하다. 《장화홍련》의 계모 허 씨는 의붓딸들을 학대하다 누명까지 씌워 죽였다. 《콩쥐팥쥐》의 계모 배 씨도 콩쥐를 구박하다 결국은 죽게 했다. 《신데렐라》의 머리 나쁜 계모는 신데렐라에게 집안일만 시켰고,《백설공주》의 계모 왕비는 백설공주에게 독사과를 먹였다.

동화가 말하는 권선징악을 따라 독악한 계모들은 잔혹한 벌을 받는다. 동양의 독한 계모들은 다 죽었다. 장화와 홍련의 계모는 능지처참을 당했고, 콩쥐의 계모는 즉사했다. 서양의 악한 계모들은 금방 죽이지 않고 훨씬 더 잔혹한 고통을 받다가 죽게 했다. 신데렐라의 계모는 새에게 눈알이 쪼이는 벌을 받고, 백설공주의 계모 왕비는 빨갛게 달군 쇠로 만든 신발을 신고 너무 뜨거워서 미친 듯 펄쩍펄쩍 뛰다가 죽는다.

불편한 것들의 소환으로 불편하게 뛰던 심장 박동을 누그러뜨린다. 가만 호흡을 가다듬는다. 뉘라서 처음부터 계모를 꿈꾸었을까. 너나없이 떠안은 생이 아린 탓이리라. 늦가을 인정 없는 바람에 끝내 앉을 곳을 찾지 못하고 위태롭게 구르는 마른 잎 하나를 오래 지켜보는 것도 내 생이 아린 탓이고, 계모라는 이름으로 사는 저들 또한 저들에게 내맡겨진 생이 아린 탓이다. 장화와 홍련 콩쥐 신데렐라 백설공주의 계모도, 장터에 살던 친구의 엄마도 그들 앞에 던져진 야속한 생에 에인 때문이다. TV 뉴스에서 고개를 떨군 젊은 계모의 목덜미가 곱다. 아무렇든지 그녀는 응당 벌을 받아야 한다. 동화 속 잔혹한 계모들의 벌에는 더 굵게 더 진하게 더 길게 밑줄을 쳐야 한다. 착한 계모가 나오는 동화를 다시 써야만 한다.

　처음으로 서모(계모, 경남 지방에서는 서모라고 부름)라는 이름을 알았다. 모두가 큰올케언니의 친정엄마를 서모라고 불렀다. 언니는 행여라도 서모에게 설움 받을까 하여 할머니 손에서 컸다고 한다. 그런 언니를 두고 어른 손에 자라서 버릴 게 없다고 하는 어른들의 말을 자주 들었다. 어느 해 여름날의 기억이다. 언니의 서모가 딸네 집에 왔다. 장조카가 외할머니를 부르며 바깥마당으로 내달렸다. 흰 모시 치마저고리를 입은 서모는 얼굴이 하얗고 내 엄마보다 젊어 보였다. 장조카를 안고 볼을 비볐다. 나는 멀찍이 안마당에서 그 모습을 바라봤다. 따라온 사람이 갖고 온 동구리를 열자 그 안에 정갈하게 담긴 떡이 서모를 닮은 듯도 보였다.

　조금 후였던가. 서모가 함석 대야에 물을 받아와서는 낯수건을 목에 두른 채 저고리 소매를 걷고 장조카 얼굴의 땟국물을 씻겼다. 그 옆에 조그맣게 쪼그리고 앉은, 딸의 시누이인 내 얼굴도 씻기고는 목에 둘렀던 광목 낯수건으로 물기를 닦았다. 그 느낌이 좋아서 가만있었다. 얼굴에서 수건이 걷히고 그제야 눈을 떴다. 꽃밭의 맨드라미 봉숭아 채송화가 한껏 붉었다. 서모는 함석 대야의 물을 꽃들에 골고루 나누어 부었다. 그리하여 서모라는 이름은 기분 좋을 만큼 아릿한 기억, 여름날의 순정동화 같은 풍경이 되었다.

엊그제다. 그때의 서모보다 훨씬 나이 들어버린 큰올케언니가 딸기 한 알 먹을 때마다 한 번씩 연거푸 세 번을 묻는다. "딸기가 어디서 났을꼬?" 땀박땀박 유순하던 질녀의 목소리가 고만 흔들린다. 나는 가만 고개를 숙이며 속으로 말했다. '더도 말고 덜도 말고 앞으로 십 년만 더 내가 사 온 딸기를 먹으소.' 내 속말에 내가 아프다.

제3의 그랜마

 막내오빠는 사십여 년 살던 도시를 떠난다고 한다. "아기새들 이소한 둥지가 삭막하여 창원으로 거처를 옮긴다." 한 줄 짧은 문자에서 긴 서사가 읽힌다. 켜켜로 쟁인 추억들과 작별하는 오빠의 서운함을 읽는다. 새로 둥지를 틀 도시가 지척이라는 내 말이 위안일 리 없다는 것쯤은 나도 안다.
 대학병원 의사이던 딸이 인근 도시에서 개업하자 뒤따라서 이사하는 것이다. 부부 교사였던 오빠 내외는 정년퇴직 후에 외손자들을 돌본다. 모르긴 해도 당신들 손수 딸을 키우지 못했던 미안함의 이유도 상당 작용했으리라.
 오빠 내외처럼 퇴직 후에 손주를 키우는 지인이 꽤 있다. 효 권사는 부부가 의사인 아들의 두 아이를 돌본다. 효 권사의 손주 보기는 내림이다. 그의 시어머니도 일하는 그의 세 아이를 훌륭히 키웠다. 손목터널증후군으로 수술했다는 소식도 들렸으나 시어머니가 그랬던 것처럼 그도 또한 손주들을 훌륭히 키울 것이고, 시어머니처럼 그도 마지막까지 아들 며느리의 공경을 받을 것이다.

외손주를 키우는 순심이는 아예 제집을 두고 서울 딸네 집에 산다. 두 달에 한 번 친구들을 만나는 날에만 내려온다. 멀리서 오는 친구가 있으니 모임에 빠질 수가 없다. 어쩌다 못 온다는 기별이라도 하면 나도 그만 갈까 말까를 망설일 때가 있다. 순심이는 척할 줄을 모를뿐더러 겉멋조차 매달지 않는 변함없이 무던한 내 고향 친구이다.

"친할머니도 외할머니도 베이비시터도 결국은 남이에요. 내 아이가 자라는 순간순간을 내 눈으로 봐주고 싶어요."

결연한 아들의 말에 중죄인이라도 된 양 뜨끔했다. 나는 일을 하느라 내 손으로 아들들을 키우지 못했다. 내 아들의 할머니는 손자 키우는 방법을 몰랐다.

"나는 아이 다섯을 내 손으로 안 키웠다."

아이 보는 일꾼을 따로 두었노라며, 궁핍으로 널브러진 며느리를 앞에 두고 딸들의 피아노 선생을 진주에서 모셔왔다는 그 옛날을 이야기했다.

한때는, 변화한 세태가 만들어낸 것으로 직장 다니며 아이 키우는 여성을 칭하는 '워킹맘'을 이어 '어번그랜마

urban grandmother'라는 신조어가 있었다. 워킹맘인 딸과 며느리를 대신해서 손주의 양육을 맡는 '도시의 할머니'를 뜻하는데 당시 여기에는 몇 가지 조건이 달렸다. 이를테면 육칠십 년대에 청바지를 즐기며 대학을 다녔고 전문직 자녀를 두었으며 자가운전을 해야 한다는 것 등이다. 그네들은 자녀를 훌륭하게 키워본 경험을 바탕하여 손주들을 돌보며, 경제적으로 여유롭고, 교사들에게는 연륜에서 얻은 느긋함으로 대하여 학부모 간에 있을 법한 어지간한 스트레스까지 줄인다는 것이다.

요새는, 비슷한 세대이면서도 같은 듯 다른 뜻으로 불리는 '어번그래니urban granny'들이 있다. 버젓하게 백과사전에도 이름을 올렸다. 스포츠와 여행과 패션을 즐기고, 악기와 그림과 사진 등의 취미를 가지며, 고급 승용차를 타고 이름난 카페를 검색하여 찾아다니는 '도회적인 할머니'들, 그네들에게 육아는 이미 구습이 아닐는지.

그러고 보니 똑부러지게 손주를 키우는 어번그랜마도 아니고, 완벽하게 자신만을 위하는 어번그래니도 못 되는 어정쩡하니 나와 같은 할머니가 남는다. 굳이 명명하자면 '제3의 그랜마'들이다. 처지야 애매하나 제3의 사나이, 제3의 물결, 제3의 청춘 등등 당당하게 '제3의' 항렬을 따랐다. 조만간에 뭔 일을 낼 것 같은 이름이다. 들먹이기만 해도 사방에서 예기치 못할 반전과 소용돌이의 변혁과 은밀한 도

전의 조짐이 꿈틀한다. 그러나 딱 거기까지만이다. 소스라 칠 것 같은 명명의 실상은 전혀 소스라칠 줄을 몰랐다. 한 김이 빠진 듯 소심한 일상에서 하마나 하고 며느리가 보내주는 손녀의 동영상만을 기다린다. 아무렴, 명부에 오르지도 못할 이름이거늘 이제껏 그러하였듯 무슴슴한 그냥 할머니로 남을 뿐이다.

해가 저물면 핸드폰을 열어 손녀들의 영상을 여광처럼 즐긴다. 눈을 정화시키고 가슴을 데우는 그런 풍경이다. 왼손잡이 숟갈질, 첫걸음마, 어느새 풀밭을 깡충거리는 두 다리, 나비 핀이 꽂힌 머릿결에 잠깐 머무는 햇살조차 흐뭇하다.

"아이 키우는 게 제 기쁨이에요."

유능한 연구원이던 며느리가 헐렁한 츄리닝 차림으로 두 딸을 어르며 저리 이윽한 말을 한다. 내 안에서 순하고 어진 말들이 이리 아우성이다.

-《수필과비평》 2022. 4

나의 대상포진 일지

  -전조

  야릇한 통증으로 밤잠을 설친 지 며칠째다. 말 그대로 야릇하니 몰똑잖다. 허리인지 등인지 옆구리인지 가슴인지. 모로 누웠다가 엎드렸다가 웅크렸다가 앉았다가. 내일은 한의원에 가서 침이라도 맞을까 했으나 낮이 되면 멀쩡해져서 그냥 보냈다.

  전조에 둔감하지 말아야 할 것이 비단 질병뿐이겠는가.

  -붉은 반점

  문우의 초대로 고급 일식집에 머물다 달맞이언덕의 미술관으로, 처음 보는 프랑스 식당을 지나 카페로. 문학회 일로 분수없이 굴던 나는 잔뜩 겁먹어 나갔는데 뜻밖으로 분에 넘치는 럭셔리 데이트. 선배의 묵언은 죽비였다. 집에 돌아와 옷을 벗으며 보니 속옷 선을 따라 붉은 반점이다. 차려입은 새 속옷 때문인가? 다음날은 붉은 반점이 더 자라 있다. 군데군데 낯익은 물집까지. 아뿔싸! 대상포진이구나.

오래된 모임 하나를 앞두고 몹시 갈등했다. 아니지만 아니겠지만 그럼에도 그러하다면 아, 심인성心因性의 무서움이라니.

－젊은 의사

환부는 내 몸통을 딱 반으로 빙 둘러 왼쪽에만 있다. 젊은 의사는 등만 보여주는 나를 어이없어했다. "그러면 병원에는 뭐하러 왔어요?" "약만 좀 세게 처방해 주세요." 나는 멋쩍게 웃었다.

보여주기 민망한 데는 안 아프다가 죽으면 좋으련만.

－동네 약사

건물 일층의 약국에서 처방약을 기다리는데 별안간에 소나기다. "혹시 우산을 파세요?" 스스로도 바보 같은 물음이구나 싶은데 약사가 되묻는다. "지하철 타고 집에 가세요?" "가까운 곳이라 걸어서 가면 돼요." "우산 빌려줄까요?" "그래 주실래요?" 나는 젊은 약사가 건네는 우산을 받았다.

내게는 집 근처 동네 약국이랄 수도 있으나 이곳은 도심인지라 약사 입장은 나와 같지 않을 텐데. 그보다는 요새도 우산을 빌려주는 사람이 있다는 사실에 혼자 감격하다가 문득 우산의 중의적 의미를 생각한다.

돌이켜보면 무수한 우산 덕분에 오늘 여기까지 왔다. 그저 우산인 줄도 모른 채 살았을 뿐.

-간병

"나 대상포진이라네." "그래?" 밖으로 나간 그가 한참 만에 돌아왔다. 유명 식품회사의 강장약 박스와 인스턴트 죽 세트와 샤인머스켓… 새우깡도 있다. 죽은 별로이고 흑포도를 좋아한다만 명색이 와병 중인데 딱 그뿐.

무릇 대개의 간병은 다 무겁고 어둡고 우울하다. 더욱이 기한 없는 간병에는. 여북하면 간병살인이 날까. 프랑스 영화《아무르Amour》를 떠올려 본다. 그냥.

> "약속해요. 나를 요양병원에 안 보내겠다고."
> "아빠, 이제 엄마를 요양병원에 보내야 해요."
> "네 엄마와 끝까지 함께 있어 주기로 약속했다."
> 하얀 베개로 아내의 얼굴을 덮어 누르는 늙은 남편의 주름진 손.

－통증

책에 쓰였기를 바람만 스쳐도 아프단다. 나는 숨쉴 때마다 가슴통이 움직이는 파문조차 살갗으로 전달되어 아팠다.

살갗…. 그건 절대로 잊을 수 없는, 잊히지 않는 통증이었다. 대학입시를 몇 달 앞두고 그때도 여름이었다. 엄마가 낯설었고 나는 지독한 대상포진을 앓았다. 환부도 지금과 똑같았다. 등과 옆구리, 가슴 밑까지 번진 수포에서 짠한 눈길을 떼지 못하던 장터 약방 주인의 선한 낯꽃을 기억한다. 한 달 넘게 결석하고 하숙집에만 있었다. 언니가 휴가를 내어 며칠 함께 있었고 큰오빠가 왔다. 책상 위의 화학 문제집을 보고 대학입시를 염려해 주고 갔다. 화학 선생님은 나에게 화학을 전공해 보라 권했는데. 그날 이후 나는 화학 말고도 많은 것들이 틀어졌다. 살갗을 할퀴는 독한 통증 때문이었다. 통증은 대상포진만이 아니었다. 공부에 손 놓은 낙담도 아니었다. 세상에 나 혼자 버려진 듯, 갈 곳마저 없어진 듯, 곡절 있는 쓸쓸함이 두려움으로 다시 통증으로 변환되어 살갗을 후벼 팠다. 그 후로도 오랫동안 불현듯이 또 뜬금없이.

오늘은 그때 열아홉 살의 통증이 가여워서 운다.

－부디

문예지 가을호 편집 마무리는 내가 해야 할 일이다. 통증도 그러하려니와 브래지어를 할 수 없어 몇 주째 교회 출석도 못 했건만. 환부에 거즈를 두르고 한여름에 올인원 속옷을 입고는 정량 두 배의 진통제를 삼키고 출판사에 다녀왔다.

앞으로도 내가 해야 할 일은 무엇일까. 봉양할 부모도 없고 양육이 필요한 자녀도 없고 교회나 성가대나 문학회와 여타 모임, 다 내가 없어도 무방하다. 문예지 편집일도 임기 끝나면 그만이다. 애오라지 일사불란 죽음으로 갈 날만 남았다. 뱐뱐하게 잘 늙지 못해 마음만 편찮다. 별로 게을러 본 적은 없건만 부지런한 흔적 또한 없어서 허우룩하다. 부디 내 남은 날에 자족할 거리가 있기를. 여전히 곁에는 불안이 자리할지라도.

― 《문학도시》 2023. 7

팔이 뿔라졌다 안헙니꺼

무담시 자빠졌던마는 왼쪽 팔이 뿔라졌다 안헙니꺼.

옴마가 보싰이모 '야가 야가 조옴 찬찬히 댕기라 쿤깨는 와저리 까불꼬.' 허싰일낍니더. 해필 요때사 글 선배가 밥을 묵자 카네예. 내사 밥 묵고 싶은 맴이야 발싸심이지만서도 우쩌것습니꺼.

"저가 까불다가 자빠져가꼬 팔모가지가 뿔라졌어예."

캤더니만.

"쪼매이만 까불지. 다리몽뎅이 뿔라진 거 보다야 낫것네."

허십디더.

"요새는 철이 들어가꼬 쪼매이 까불어서 고만 하건마예."

마 그랬십니더.

타관에 사는 자슥들한테 지 에미 아푸다고 기별해봤자 암쪽에도 소용없이 정신만 사납을낀데 싶어서 김서방 입단속을 단디 시킸건마는, 안사람 일이라쿠모 넘의 집 강새이 짓는가 허던 사람이 벨쭉시럽고로 전화를 했는갑습디더. 그래도 자슥들이 뭐라꼬, 에미 달개는 소리에 수술 무섬증을 반짐이나 덜내삔 거 겉네예.

시상천지에 들도 보도 몬 해본 돌림병 때민에 수술을 했다캐도 젙에 보호자가 있기는커녕 면회도 안 된다 카네예. 그날 아침질에는 칠십 줄의 띠갑장이 어깨 수술을, 다 저녁답에는 내 팔뼈에 철심 박는 수술을 했지예. 오밤중에 띠갑장이 아푸다고 죽것다고 소리를 질러대는 바람에 정신을 채맀는가 싶습디더. 애리애리한 간호사들이 띠갑장의 비우를 맞추니라고 들랑기리 쌓는 기 젙에서 보기 참말로 애안태예. 나는 하루 점도록 금식이다 마춰다 캤던마는 입안이 텁텁해서 벙글증이 났십니더. 혼차 생각에 엥가이 깨깔시럽다 싶음시도 링거줄 소변줄꺼정 달린 이동 수액걸이를 끌고 화장실에 가서 양치질을 싹 해삣지예. 우찌 그리 깨운하던지. 그때부텀서 날 샐 때꺼지 띠갑장은 지상짬도 없이 나를 깨배기 시작합디더.

"보소, 살 만한가배. 요 와서 불 좀 키소."

"보소, 어깨에 비하모 팔 뿔라진 거는 나이롱이요."

"보소, 가서 딸아(간호사) 좀 불러 주소."

설천 새가 웃을 일이지예. 인자 막 수술해가꼬 몰똑잖은 사람이 뭐허냐고, 간호사들이 애먼 나를 뭐라카대예. 철나고 그맹키로 무안했을까예. 그래도 요거는 암껏도 아입디더. 에나 해장작을 팰 일은 따로 낮에 있었어예. 상시러버도 함 들어보시이소.

"이년아, 딸년이라는 기 다 죽어가는 에미한테 그딴 소리나 씨부리쌌나."

"이년아, 에미 죽고나모 니 혼차 잘 처묵고 살아라."

띠갑장이 전화로 딸한테 몽창시리 퍼붓는 말입니더. 사연이야 와 없것냐마는 딸은 살아생전 효자라는디 저리 상극인 모녀지간도 있는갑지예. 안 들을라고 쪼깸만 들리라고 모로 돌아누버서 이불을 귀꺼지 땡기 덮었십니더. 그러자니 또 불각시리 옴마가 안 그립것습니꺼. 옛날에 옴마는 입버릇맹키로 작은언가가 가심에 찌인다고 허싰지예.

"지체 있는 집에 치운다고 손끝 야문 놉을 여럿 데리서 혼수 장만을 안 했더나. 바리바리 짐꾼들이 나래비로 지고 갔니라. 혼인을 시킸시모 서방한테 보내야제. 손지(손자)가 따박따박 발때죽을 뗄 때꺼지 데꼬 있단 말가. 아이고, 청암 양반 너그 아배는 딸자슥이 우찌 사는고 당다리 봉사가 따로 읍다. 내 자슥 신세는 내가 발라야제. 날을 받아가꼬는 봉궤 대동구리 짊어진 머심 앞세우고 사돈집으로 행했니라. 너그 언가가 서방도 읍는 시집살이를 함시로 쌀방아를 올매나 찧었는고 치매끝이 다 닳았더라. 그 꼬라지를 본 깨로 내가 억장이 무너질라 안 허나. 치매 두른 안사돈허고는 말도 섞기 싫더라. 개명한 시상에 내외헐 것도 읍고 갓 쓴 배껕사돈을 청했니라. 목꾸녕으로 춤 한 번 꼴깍 생키고 나서 선은 이렇고 후는 이렇고 따졌제. 짚신도 짝이 있고 헌 고무신도 짝을 맞차야 지 구실을 하는긴디 청춘이 구만 리 겉은 메느리를 서방하고 저리 생이별 시키서 되것습니꺼."

  때마침 우떤가 보로 온 간호사가 내 우는 걸 보고는 옴마야 많이 아파예? 허들시리 물어쌌네예. 아무리 철따구 없기로 아푸다고 울기꺼정 헐까예. 속절없이 나이 묵어 서러븐디 팔모가지 뿔라가꼬 누워 있는 기 한심도 허고, 당최 띠갑장도 성가신 참에 옴마 생각나서 고마 얼라맹키로 울었는갑습니더. 요기가 오데라고 문밖에서 얼쩡기리는 저 봄도 매착없기는 나만 허네예.

- 《좋은수필》 2021. 5

있었던 것들에 대한 그리움

 가끔은 말도 안 되는 것들이 그리울 때가 있다. 그때 언젠가 분명히 있었던 것들, 속절없이 과거가 되어버린 사건들, 내 유년을 면역하는 표상들, 시간을 거스른 기억들이라 자주 굴절되고 금나고 조각나서 그 절반도 들먹여 그리워할 수 없으니 아쉽다.

 손으로 들고 다니거나 허리에 둘러맸던 책 보따리. 교복 치마 속의 505털실로 짠 속바지. 그날은 가위 소리도 없이 엿판도 내려놓은 채 방천 나무 그늘에 앉아만 있던 늙은 엿장수. 어둑발이 다가오면 말은 없어지고 걸음만 빨라지던 여우고갯길. 그 어디쯤에는 잘 꺾이지 않아 애를 먹던 점박이 주황색 산나리꽃 천지였다. 서릿발에 들뜬 보리밭을 밟던 한겨울의 한 날. 기왓장 가루를 짚에 묻혀 놋그릇을 닦는 풍경. 마당가 맷돌 옆 사구에서 추어탕 끓여질 날을 기다리는 살찐 미꾸라지들, 그중 몇 마리는 억수 같은 빗줄기를 타고 흙 마당에 떨어진 놈들이다. 누룽지를 긁고 감자 껍질을 벗기는 달창난 모지랑숟가락. 아궁이 불씨에 파묻어 달군 고데기. 아주 가끔 아부지가 엄마에게 건네던 말 '이녁'. 너무 일찍 언니로 바꿔 불러서 더 그리운 말 '언가'. 어떤 꽃보다도 곱게 피었다가 열매로 잠시 살고는 솜으로 영영 숨어 살 목화와 그 목화밭.

장산을 가본 지 실로 오래되었다. 산 아래 신도시에서 십여 년을 살다가 떠나온 지 또 십여 년 만에 처음 가는 것이다. 그곳에 살 때는 쉬는 날 산보 삼아서 마을 뒷산 오르는 기분으로, 입은 옷에 신발만 고쳐 신고는 산등성이를 걸어 올랐다. 오다가다 알은체를 할 만한 사람들도 차림은 다 그만그만했다. 바쁠 것 하나 없이 쉬엄쉬엄 다다른 산마루는 너르고 편편하며 또 그윽했다. 공활한 하늘에 구름 몇 조각까지도 한가했다. 맞춤하게 박힌 돌팍에 앉아 억새밭에 부는 바람을 느끼다가 산을 내려오곤 했는데.

순전히 내 말만 듣고 따라나선 동행들을 뒤세웠으나 산의 초입부터 시끌거리며 헤매다가 군부대 입구로 잘못 들고는 놀라서 돌아 나왔다. 겨우 제 길로 들어섰지만 내심은 여전히 낯설다. 가만 기억을 더듬는다. 예전에 없던 군부대 담장이 길옆으로 죽 이어져 있다. 거기 있던 채소밭은 안 보이고 밭 사이로 나있던 구부렁한 길이 넓고 번듯해진 것이다. 새로 앉은 건물은 용도가 자명해 보임에도 주변과 겉돌아 내 눈에 났다. 저만큼 들앉아서 길을 걸을 때는 보이지도 않던 사찰 담벼락이 이제는 나무 울타리로도 채 가려지지 않는다. 그때 덤프트럭 한 대가 무작하게 흙먼지를 일으키며 쌩하고 내 옆을 지났다. 어정쩡하니 동행들의 눈치를 살필 밖에는.

덤프트럭은 산행하는 내내 우리를 해코지했다. 트럭이 지날 때마다 길가에 비키는 것만으로는 흙먼지를 옴팡 덮어쓸 판이다. 급히 너덜겅으로 들어갔다가 비탈로 내려갔다가 그도 저도 할 수 없는 선길에는 등을 돌리고 몸을 웅크려 얼굴을 가렸다. 기어이는 살필 눈치고 뭐고 대놓고 군담이다. 하필이면 지금 공사를 하느냐며 만고에 소용없는.

예전의 흙길을 넓혀서 포장하고 있다. 군데군데 작은 소沼가 사라졌다. 당연히 징검돌도 간데없다. 포장한 길 밑에다 실한 수로를 묻었고, 물이 흘러오던 길 위 골짝도 물이 흘러가던 길 아래 골짝도 네모 넓적 반듯한 돌들로 싹 덮었다. 다소곳한 꽃숭어리로 내 걸음을 붙들던 꽃댕강나무도 울타리가 쳐진 길가에 더 이상 몸 붙일 데가 없었던 모양이다. 흔적이 없다. 썩둑 잘린 채 남은 나뭇등걸 보기도 그러하건만 주변 몇 그루 나무의 불도저 할퀸 자국은 더 아프다. 저들은 제 옆구리 진물 상처를 보면서 바로 옆 동료가 베이고 쓰러져 실려 가던 장면을 기억할까. 기억하며 아파할까. 아무 탈 없이도 산마루까지 잘 올라갔건만 가풀막질 것 없는 산길에 불쑥 내미는 데크 계단의 친절이 괜하게만 여겨진다. 좋았던 억새밭은 반이나 줄었고 대신에 긴 나무의자 두어 개 놓여있다. 모르긴 해도 돌팍에는 나만 앉았을 것이나 나무의자에는 앉는 사람이 많을 터. 양손에 여러 개의 마스크를 들고 등산객을 맞는(마스크를 파는) 남자도 의자에 앉았다가 섰다가 한다.

산을 다 내려오고서야 들머리의 공원이 눈에 들어왔다. 젊은 부부들이 지켜보고 아이들은 뛰고 놀던 공터였다. 빙 둘러 놓인 벤치는 나이 지긋한 어른들이 다 차지하여 장기를 두고 있다. 십여 년 만에 만난 공원 풍경은 햇수 만큼보다 훨씬 나이 들어버렸다. 맨발로도 걸었던 흙길, 길가에 유심한 꽃댕강나무꽃, 비 온 뒤에는 물이 넘쳐 발 디딜 곳을 머뭇거렸던 징검돌, 바람길을 보았던 너른 억새밭…. 장산에 있었던 것들이 다 그립다.

아무려면 있었던 것들이 어디 장산에만이겠는가. 그 무렵 그 언저리의 지금보다 젊고 찬란했을 나의 시간, 스친 인연들, 첩첩한 추억들…. 그렇게 가끔은 말도 안 되는 것들이 그리울 때가 있다.

우연치고는 참 기이하기도 하지. 그날 저녁 TV 뉴스에는 이 도시의 어느 산에다 길을 내느라 파헤쳐진 산턱과 널브러진 벌목들이 화면에 가득하다. 따로 설계도가 있느냐? 없다. 현장 감독하는 공무원이 있느냐? 없다. 다 업자들이 알아서 한다. 세상에나! 그런다.

─《문학도시》 2021. 9

댁의 며느릿감으로 간호사는 어떠세요?

〈유 퀴즈 온 더 블록〉은 내가 챙겨보는 TV 프로그램 중의 하나이다. '큰 자기와 아기 자기의 사람 여행'이라는 부제처럼 서로 자기라 부르는 유명 연예인 둘이 직접 거리를 다니다 만나는 사람들과 소박한 담소를 나누고 깜짝 퀴즈를 푸는 예능 프로그램이다. 요 무렵은 코로나19로 인해 이슈의 출연자들을 실내 스튜디오로 불러서 진행하고 있다.

높은 치사율의 대동맥 수술을 담당하는 한 대학병원 흉부외과 의사가 출연했다. 진료의 중압감 때문에 갈수록 흉부외과 지원자가 줄어들어 최근에는 한 해에 내과 전문의 800여 명이 배출된다면 흉부외과 전문의는 겨우 20명 정도라고 한다. 생과 사를 다투는 의사답지 않게 별명이 '똘똘이

스머프'였다는 그의 결혼 에피소드가 귀에 딱 들어앉았다. 함께 일하는 흉부외과병동 간호사 60여 명 중에 그와 한 번도 싸운 적이 없는 사람에게 먼저 전화를 걸었고 교제한 지 육 개월 만에 결혼했다는 것이다. 한 번도 안 싸운 이유가 서로 잘 맞았기 때문이 아니겠느냐고 한다.

의사와 간호사들이 일 때문에 싸우는 일이 종종 있다. 오래전에 근무한 병원에서도 그랬다. 한 인턴 의사와 간호사의 싸움이 소속 병동 전체 간호사와의 싸움으로 번졌다. 병원 조정위원회가 열렸다. 그 인턴은 해당 진료과 레지던트로 예정되어 있었고, 간호사들은 그가 레지던트가 된다면 일괄 사표를 내겠다며 맞섰다. 팽팽했다. 병원장이 간호사의 손을 들었다. 그 인턴이 다른 병원으로 갔다. 같은 의과대학 출신의 인턴들도 그만 나갔다. 아마도 의국 문을 발로 차고 갔을 것이다. 가톨릭 신자는 아니지만 병원장 신부님을 존경하고 흠모했다. 신부님이 아니라면, 병원장이 의사라면 불가능했을지도 모를 일이다. 간호사 소풍 때는 가수 서유석의 〈가는 세월〉을 멋들어지게 부르던 신부님.

한 병원에서 일하는 의사와 간호사들이 일을 통하여 얻은 신뢰가 호감에서 애정으로 결혼까지 순차 이어지는 경우가 의외로 많다. 여느 청춘 남녀에게나 있을 당연하고 자연스러운 현상이다. 마취 간호사였던 후배도 외과 레지던트와 결혼했는데, 수술 시간 내내 마스크로 얼굴 표정은 싹 가리고 눈빛으로만 연애했다며 놀리곤 했다. 시어머니와의 첫 대면 이야기가 참 듣기 좋았다. 때마침 고추밭을 매던 시어머니는 아들을 따라 이 시골 골짝까지 와준 도시 처자가 고마워서 어쩔 줄 몰라 했다는 것이다. 나는, 간호사와 결혼하는 의사치고 나쁜 사람을 못 봤다는 지극히 개인적인 견해를 갖고 있다. 그걸 인증해 줄 두 친구의 남편을 안다.

한 친구의 남편은 내가 만난 의사 중에서 최고의 신사이다. 짧은 기간이지만 함께 일한 적이 있는데 그가 환자에게나 직원에게나 화내는 모습을 본 적이 없다. 의사로서 인정된 권위 이외의 괜하고 무의미한 어떤 권위도 드러내지 않았다. 또 한 친구의 남편은 의과대학 교수였다. 범접 못 할 차가운 이미지가 배어나긴 했으나 그림에 대하여 전문가다운 소양이 이를 변호한다.

아무렴, 대한민국의 의사치고 눈부신 시류를 초월해버리기가 어디 그리 쉬운가. 새삼 터놓기 속없는 사설이다마는 '그'와는 음악회 두어 번 가기가 다였다. 한날에 웬 중년 여자가 찾아왔다. 의국에 드나드는 뚜마담이다. 어느 해운 관련 회사 고명딸을 그에게 중매하는 중이라 했다. 아, 그렇군요. 그러고는 그가 기다리는 작은 찻집을 지나쳤을 뿐이다.

내가 간호사였음을 아는 지인은 무척 조심스럽게 말을 꺼냈다. 의사인 아들이 간호사와 결혼하는데 간호사라서 반대했노라고 한다. 썩 즐거이 들을 말은 아니나 아들을 잘

키운 지인의 나름을 이해했다. 이해한다고 진심으로 말해 주었다. 저잣거리에 나돌아다니는 붙박이 뭇소리도 들려주었다. 의사 아들이 있으면 간호사와 연애하는지를 살필 것, 결혼한다고 하면 죽기 살기로 반대할 것, 뭐 고딴 말들이다. 남편의 선배 교수에게 의사 아들이 있었다. 죽어도 간호사와 결혼한다고 하여 그러면 죽어라 했더니 진짜 둘이 함께 죽었다. 신문에도 났다.

"저런 명문가의 따님이 왜 간호학과에 갔을까?"

교육학을 강의하던 그 교수는, 명문대 출신의 간호학 교수를 두고 우리 앞에서 겁 없는 말을 했다. 후에 들으니 그 교수의 딸도 며느리도 다 간호사라 한다.

내 또래임에도 여직 간호사看護師를 간호원看護員이라 부르는 황당 여인, 아들의 여자 친구가 S대를 나왔다는데 간호학과라서 좋다가 말았다는 우아優雅 고상高尙의 유사품 사모님, 겨우 일자리를 얻은 마흔의 그냥저냥 아들에게 '어디 간호사나' 중매해 달라는 진상 부인…. 덧정 없어질라 하는군요.

졸업 후 첫 직장에서였다. 한 달간의 수습 과정에 '자기평가'라는 것이 있었다. 여러 항목 중 외모를 다섯 단계 중에서 중간으로 표시했다. 별안간 돋아난 얼굴 여드름 때문이었을지. 그때 내 평가서를 훑어본 간호부장 수녀님의 번쩍한 한마디가 아직도 귓전을 돈다.

"나는 자신의 외모를 C라고 평가하는 사람은 안 뽑아요."

지금 이 순간에도 자기평가와 절대평가와 상대평가, 그 모든 간극의 냉엄함에서 흔들리고 부대낄 이 땅의 많은 간호사를 응원한다. 시절의 운을 따라 작가라는 이름 하나를 더 얻었으니 간호사에 관한 글을 한 번은 쓰고 싶었다. 한 조사에서 아들은 의사를 안 시키고 사위는 의사였으면 좋겠고, 딸은 간호사를 안 시키고 며느리는 간호사였으면 좋겠다는 쌈박한 답도 있더라마는.

"한다하는 집안에서는 간호사 며느리는 안 본다."

꽃 같은 나이에 저런 에멜무지의 삼빡한 말을 면전에서 들은 나도 한다하는 집안의 그렇다 못한 아들을 총장님으로 맹글었다. 인제 그만 댁의 며느릿감으로 간호사는 어떠세요?

— 《부산수필문예》 2021. 여름

4. 헛글…

수필, 부질없다. 써도 그만 안 써도 그만이다.
그런데 그 쓸데없음이 나의 정체성이다.
— 류창희 에세이 《타타타, 메타》에서

헛글 / 세월 / 하루의 끝 / 일몰 너머
남아있는 나날/ 꽃처럼 돌아오면 얼마나 좋겠습니까
꿈에 / 송년送年 / 혜존에 대하여 / 내 수필이 별거라고
수필작가라는 이름의 나

헛글

 '나'는 실재의 인물이 아니라 가상의 인물입니다. 나는 진실의 인물이 아니라 거짓의 인물입니다. 그러니 이 글은 가상으로 허위로 쓰는 거짓글로 이른바 헛글이죠. 그렇다고 실존과 진정이 영 없는 것은 아니니 누군가 이 헛글의 행간에 웅크린 참나를 찾아낼지도 모르겠어요. 그리 안 해도 그만이지만요.

 십이월치고는 포근한 한 날의 저녁 어스름에 강둑길을 걸으며 생각에 잠깁니다. 이곳을 '강둑길'이라니 대번에 거짓임을 눈치채겠지요. 대놓고 거짓이니 글쓰기가 훨씬 수월합니다. 나는 무언가 결론을 내려야만 한다는 당위의 심정으로 이즈음 안팎으로 머리를 죄던 일들을 떠올립니다. 떠올려진 것들이 잠시 가을 하늘 고추잠자리처럼 머릿속을 선회하다가 일제히 한곳으로 응집됩니다. 손에 들고 있던 스타벅스 커피의 마지막 모금이 쓴맛으로 변하는군요.

 남자와 여자가 서로의 민낯을 현미경으로 본 듯해 버렸다면 각각 어떤 반응을 보여야만 할까요. 이생에서 어쩔 수 없는 관계로 만난 사람들과의 오랜 대화가 초등학교 저학년 교과서에 적힌 글자만도 못했다면 그 허망함을 어찌 다스려야 할까요. 그럼에도 아직 해야 할 일들이 밀린 숙제처럼 버거우면 이 막막한 허무에서 헤어나기는 할까요. 함부로 내맡겨진 국면이 어릴 적 시골길에서 만난 그믐밤 어둠인 양합니다. 내맡겨진 것들이 꼭 이뿐이겠습니까. 엄밀히 따지자면 탄생이 이미 그러하였듯 향차 죽음도 맨 그러하겠지요.

 골똘하니 걷다가 마주 걸어오는 남자와 부딪힐 뻔했습니다. 얼른 옆으로 길을 비켜섰죠. 젊은 남자들은 때때로 무섭습니다. 길 가다가 어깨를 부딪쳤다고 욕을 했다느니 폭행했다느니 그런 기사를 봤기 때문이죠. 눈부신 젊음을 흉기로 삼는 남자라니. 그래도 가끔 생각나는 젊은 남자가 있습니다. 초보운전자였을 때죠. 트럭과 접촉 사고가 난 것 같았어요. 마침 퇴근 무렵의 교통혼잡으로 차들이 멈췄습니다. 험상궂은 표정의 트럭 기사가 주먹으로 내 차 문을 거칠게 두드렸어요. 너무 무서웠던 나는 도어록을 누르고 꼼짝도 안 한 채 앞만 보았습니다. 다시 차들이 움직이자 트럭기사도 그만 트럭에 타더군요. 얼마를 가다가 다시 신호등 앞에 멈췄습니다. 그때였어요. 옆 차선에서 젊은 남자가 성큼성큼 다가오더니 내 차의 백미러를 바로 세워주고는 아무 일 없다는 듯 다시 성큼성큼 자기 차로 갔어요. 인사는 고사하고 하다못해 깜빡이 켤 줄도 몰랐던 나는 운전대만 꽉 붙들고 있다가 바뀐 신호를 따라 옆도 보지 않은 채 와버렸답니다. 그 젊은 남자의 지금이 무척 궁금하군요. 모든 일마다 부디 성큼성큼 하였기를.

신흥공업사, 태양전파사, 덕진목공소, 진미상회 등 길옆으로는 낮고 낡은 건물들이 금방이라도 떨어질 듯 위태한 간판을 달고 죽 서 있습니다. 세월에 밀려 도리어 생소해져 버린 이름들, 모퉁이를 돌아 이층에는 전당포라는 글자도 보이는군요. 고개를 돌려 불과 몇 미터 저쪽을 보면 이 도시에서 가장 높다는 금융 건물이 우뚝하고, 국내 최초라는 뮤지컬 극장이 'Dream Theatre'라는 생경한 간판을 달고 나란히 자리한 참 얄궂은 조화입니다. 어쩌면 내 살아온 날들도 그러하였는지, 아직도 그런 조화에 익숙하지 못하는지, 쥐어박듯 느닷없는 쓸쓸함도 그 때문인지, 나는 지금 그런 곳 강둑길을 걷고 있습니다.

영화 〈미 비포 유 Me Before You〉의 윌은 아침에 눈을 뜨는 유일한 이유인 루이자를 두고 끝내 스위스행을 택합니다.

데이비드 구달도 베토벤의 〈환희의 송가〉를 들으며 스위스 바젤의 한 병원에서 안락사로 생을 마감했죠. 국내에도 의사 조력 죽음을 위하여 스위스 디그니타스에 등록한 사람이 제법 있다는군요. 영화 〈스틸 앨리스Still Alice〉의 앨리스는 치매를 앓습니다. 컴퓨터에다 죽는 법을 저장해 두죠. 스러지는 기억을 더듬어 컴퓨터를 켜서 적힌 그대로 서랍을 열어 약을 찾지만 먹는 것을 놓치고 말아요. 영화 〈더 미드와이프The Midwife〉에서 여배우 카트린느 드뇌브는 자주 가던 호수 위에 작은 나룻배만 흔들거리도록 둔 채 사라졌습니다. 버지니아 울프는 늘 산책하던 우즈 강가에서 다시 돌아오지 않았어요. 그녀의 지팡이와 구두만 발견되었다 하죠.

아테네의 그 철학자는 말합니다. 생각을 바꾸어서 죽음도 나름대로 좋은 것이니 자신감을 갖고 죽음을 맞아야 한다고. 그의 말처럼 죽음도 삶과 같다면, 이승에서 저승으로 이주하는 것이라면, 그곳에서 그리운 얼굴들을 만난다면 왜? 어떤 이들은 그토록 쓸쓸해하면서도 안간힘을 다해 살아야 하는지. 또 어떤 이들은 무슨 이유와 권리로 아무 의미 없는 명줄을 잇고 또 이어놓는지. 누가 내 글을 거들떠나 볼까마는 죽어본 적 없는 이의 말은 다 실없답니다.

한참을 걷고 나서 둑길 난간에 기대어 저 아래 강물을 봅니다. 이 시간에 강물을 보고 선 사람이 나 말고는 없군요. 어둠 탓인지 강물은 마냥 음험합니다. 세상의 책들을 다 읽을 수는 없지만 강물을 음험하다 쓴 글이 있을까요. 아무렴, 꽃구름처럼 살아보리라 애쓴 한 수필가가 홀연히 사라진 강물이라 하기는 끔찍이도 비정하다는 생각이 듭니다. 고개를 수그리자 눈물 한 방울이 뚝 떨어지는군요. 떨어진 눈물방울이 저 아래 강물 표면까지 가닿았는지 어땠는지.

-《수필과비평》2021. 9
-《선수필》2022. 봄

세월

그런데 당신, 점심은 드셨어요?

함께 점심 먹기로 한 약속이 취소되었습니다. 비도 오는데 이담에 보자. 이미 눈치야 챘겠지만 이런 게 바로 나이 든 거죠. 예전 같으면 분명 둘 다 이랬을 텐데요. 비도 오는데 우리 만날래?

비는 억수로 내립니다. 창 유리를 무모하게 부딪고 야멸치게 미끄러져 흐릅니다. 저런 제 운명을 전들 어쩌겠는지요. 삼라만상 운명을 거스른다는 게 어디 그리 쉬운가요. 그래도 뿌연 창밖으로 저 아래 동천이 방방하니 불어 보기가 좋습니다. 나는 더운 커피잔을 들고 가만 의자에 앉아서 동천의 흐름양을 보며 비 온 정도를 가늠하고 있어요. 유리

벽 하나 사이로 두 세상이 이렇게 다릅니다. 어데 사람이라고 맨 다를까요. 언제나 창밖 풍경인 그런 관계도 있지 않을까요. 물리적인 거리가 무색한 그런….

　우산 쓴 사람들이 건널목을 건너는군요. 이제는 녹색 신호등이 아니라도 도시의 차들이 무척 예의 발라요. 걷는 사람들을 우선 배려하죠. 배려라는 말에는 온기가 있답니다. 온기 있는 말은 온기 있는 사람들의 한몫이죠. 그때 젊은 엄마에게는 온기가 없었습니다. 어설픈 이성으로 냉철했어요. 초등학교 입학하는 봄날 같은 아이에게 모질었습니다. 비가 와도 마중 나가지 않을 거야.

　딱 그날만은 내 수업도 일찍 끝나고 마침 비도 오고 그래서 학교 파하는 시간에 교문 앞 엄마들 틈에 끼여 내 아이를 기다렸습니다. 저쯤 운동장을 가로질러 한 떼의 고만고만한 아이들이 잰걸음으로 다가왔죠. 친구의 우산 밑에 머리만 들이밀고 작은 몸을 비에 내맡긴 아이 하나가 눈 안으로 걸어와요. 왜 제 아이는 멀리서도 퍼뜩 알아보잖아요. 나는 아이를 부르며 내달렸죠. 나를 본 아이가 나보다 더 빨리 달려와 부딪듯 안겨서 서럽게 서럽게 울었습니다. 우산이 안 펴져서 선생님께 보였더니 부러졌다고 쓰레기통에 버리더라네요. 일 학년 아이의 당혹감이, 여덟 살의 난처함이, 줄번호 삼 번의 부끄러움이…, 한데 뒤엉켜 내 안쪽을 마구 짓이겼습니다. 그런데 오늘처럼 비가 내리면 그날의 짓이김이 도지고 말아요. 당신, 사람들은 당신을 일러 약이라고들 말하는데 이런 나를 손 놓고 가만있는가요?

이 비 그치면 뒤이어 봄날은 오고야 말겠죠. 나는 또 BTS의 〈봄날〉을 듣습니다.

> 보고 싶다. 이렇게 말하니까 더 보고 싶다. 그리움들이 얼마나 눈처럼 내려야 그 봄날이 올까. 보고 싶다.

이런 노래를 듣고도 어찌 BTS를 좋아하지 않을 수 있겠는지요. 또래를 죄다 트로트 가수에 빼앗기고 홀로이 저녁 어스름 동천길을 걸으며 이어폰으로 역시 BTS의 〈소우주〉라도 들을라치면 무단히 외로워 얄궂습니다.

> 이 밤의 표정이 이토록 또 아름다운 건 저 별들도 불빛도 아닌 우리 때문일 거야. 난 너를 보며 꿈을 꿔. 난 너를 보며 숨을 쉬어. 우린 우리대로 빛나. 우리 그 자체로 빛나.

저러도록 빠른 노래가 이러도록 쓸쓸하게 들리는 현상은 다 무엇일까요. 아, 사람이 우주의 부분이면서 그 자체로 하나의 독립된 우주라고 하는군요. 흠, 인간은 자신이 영혼을 불어넣은 축소판 우주라고 하는군요. 이즈음에 친하다고 여겼던 사람에게 섭섭한 일을 겪고 그게 수시로 생각나서 애를 먹어요. 다른 사람에게 그 말을 하고는 괜히 했다는 후회로 이전보다 더 힘들어져서 끙끙 앓고 있답니다. 바로 이런 때에 〈소우주〉 노랫말은 영 뜬금없다고만 할 수 없는 무한의 위로가 되어요.

우연인지 필연인지 BTS의 〈봄날〉이 당신과 이름이 같은 세월호의 추모곡으로 불리는군요. 세월호 십 년…, 여직 조끔도 바래지 않은 샛노랗게 아프고 그리운 이름입니다. 봄날이 되면 더욱 보고 싶어 사무치겠죠. 차가운 바닷물 생때 같은 아이들은 그 어머니에게 시공간을 초월한 총체적 존재 바로 소우주였을 테니까요. 나는 그만 부끄러움으로 고개를 숙입니다. 당최 기약 없을 노란 깃발 앞에서 그깟 비 내리던 날의 짓이김을 투정하고 있었다니요.

어느새 봄날은 여만치 와 있습니다. 하마 당신의 나이테에는 무량의 봄날이 쟁이었겠지요. 아린 나의 봄날도 거기 한 점이 될는지요.

− 《사이펀》 2024. 봄

하루의 끝

 나는 이 글을 2021년에 썼는데, 2023년에 발간한 목정원 작가의 공연예술에 대한 산문집에서 아래의 문장을 읽었다.
 "삶에서 가장 진실한 문장은 하루의 끝, 중국식료품점에 들어가 나누는 대화라고 리델(앙헬리카 리델. 작가이자 배우)은 쓴다. "빵이 남아 있나요?" "네." "얼마인가요?" "60상팀입니다." 그렇게 한 덩이 빵을 받고 그에 합당한 돈을 지불한 뒤 돌아 나오는 것, 추악한 밑바닥을 알아볼 만큼 서로를 더 들여다보지 않는 것."
— 《모국어는 차라리 침묵》

한때는 그랬다. 하루의 끝, 그제야 뭇시선에서 가벼워지는 시간. 코르셋도 브래지어도 벗어버리고 목 늘어난 티셔츠를 입는 시간. 립스틱이야 진작 지워졌지만, 주근깨를 숨겼던 파운데이션을 씻어내고 의식적으로 다물었던 입을 헤벌리고 아직 남아 있을 웬 가식의 표정을 풀어 던지고 문틈에 반쯤 덜미 끼인 사유를 당겨 넣고 온전한 민낯의 생래적인 나와 조우하는 시간. 근거 없어도 행복한 시간이었다.

지금도 밤 근무를 한다는 내 또래의 어떤 이에게는 괜히 미안하다. 나는 출산 휴가를 얻기 위해 한 달간의 밤 근무를 해야 했다. 그 시절의 엄혹한 근무 현장에 내가 있었다. 한밤중 산모는 분만실로 옮겨가고 새로 만들어 놓은 베드를 보면서 아! 지금 누울 수 있다면 죽어도 여한이 없겠다. 항일 독립운동가처럼 비장했던 적이 있었지. 그런 비장감도 만삭의 아랫배가 딴딴해지는 순간 미미하고 아릿한 슬픔으로 변하고 말았던 그날 하루의 끝.

봄꽃이 흐드러졌다 지고 낱장의 꽃잎만이 아득한 만춘이었다. 별로 감출 것도 차릴 것도 없이 묵묵히 이별을 감당하고 있는 망자의 남편과 아들딸을 오랫동안 바라보았다. 똑같은 이별을 감당하면서도 내 슬픔이 얼마나 별것 아닌가를 심지어 초라하기까지 한가를 속으로 되뇌었다. 그렇게 떠나기에도 이렇게 보내기에도 너무 섧고 애달픈 동기同氣를 땅에 묻고 돌아서던 날, 다시 못 볼 그녀를 턱없이 그리워했던 그 하루의 끝.

 무어 성가실 것까지야 없는 봄비가 그었다. 손질 안 한 머리칼을 모자로 덮어 감추고 집을 나섰다. 좀 걸을까 하는 마음과는 따로 손에는 자동차 열쇠가 들려 있다. 주차장 그 자리에 내 차가 안 보인다. 딱 지하 이 층에만 세워두라 당부했건만 자동차 검사를 좀 맡겼더니 그새 깜빡한 모양이다. 어제는…, 고향집 툇마루에 앉아 들깨토란탕 한 숟갈 막 입에 넣으려는데 "나 운동하러 간다." 그리고 와장창 단꿈을 깨우더니만. 짬짬이 얼음물 튕기는 이 남자에게 자동차 있는 곳을 묻다가는 봄비 그치고 차분한 날에 그리 닮은 기분이라도 헝클까 그냥 땅 위로 올라왔다. 집 밖으로 한 발짝만 나가도 다운타운인 동네에 산다. 대리석 궁전도 아니고 그저 "저 푸른 초원에 그림 같은 집"을 꿈꾸어 본다만 슬리퍼를 신고 다니는 '슬세권'이니 그냥 살라고들 말한다. 나는 슬세권에 단골 식료품 가게는 없어도 단골 영화관이 있다. 단골 영화관에서 〈미나리〉와의 은밀한 밀회를 즐겼던 날 하루의 끝.

 그가 내게 말을 걸어왔다. 《줄무늬 팬티를 입은 남자의 고백》(김희숙 희곡집)을 건넸다. "온몸을 찔러대며 성가시게 하는 한 가지가 연극"이라 서문을 적은 그의 희곡집이었다. 오래전의 모노드라마 《빨간 피이터의 고백》을 떠올리며 읽었다. "눈을 감기니 눈이 안 감겨. 손바닥으로 쓸어도 쓸어도 끝내 안 감겨. 다섯 살 막내 놈이 방문을 열더라. 그제야 그

양반 스르르 눈을 감더라." 이런 대사를 쓸 줄 아는 그를 두고 "의젓하고 든든한 극작가로 자리매김했다."며 격려의 글을 쓴 이름 하나가 눈에 익는 바람에 대학 때 연극했던 친구를 전화로 불렀다. 전위무대, 카페 떼아뜨르, 전성환, 허영길, 그다지 상쾌하지는 않지만 이윤택도 소환하여 우리 청춘의 한 시절을 추억했다. 그때의 이윤택은 그런대로 괜찮았는데 세상이 가공할 '미투'로 오르내리다니…. 내 수필집에다 그에게 쓸 말을 고르면서, 여느 글쟁이처럼 수필을 일러 여가문학이라 주변문학이라 그러지는 않을까, 희곡집의 반쯤이나 되는 내 수필집의 무게를 가늠해보는 하루의 끝.

이제는 그렇다. 하루의 끝. 겹겹의 나이가 무거워지는 시간. 이불이 서걱이다 그치면 이내 썰물 빠져나간 듯 사위 공허해지고. 세상의 무정한 그대들 앞에서 나이 때문에 욱여넣어야 할 것들은 또 무엇인지. 더 얼마만큼 낯선 것들을 만나고 그 앞에서 낯설어야만 할 것인지. 그렇게 남아 있는 하루들이 얼마일지 남은 날들을 세는 두려움도 몫을 거들고. 와중에도 오후 나절까지 지워지지 않는 베개 자국이라도 생길까 저어하니 얼굴은 똑바로 하고 자야 해. 갖갖 것들로 움푹 파인 공허의 입구를 덮느라 쉬이 잠들지 못하는 하루의 끝.

지난날 그토록 바장이던 반달 같은 그리움도 더는 안 보였다.

– 《에스프리드레》 2021

일몰 너머

홀린 듯 단어 하나에 빠져들 때가 있다. 그 단어를 제목으로 쓴 책에 꽂혀 걸음을 멈춘 날이 있다. 소설 《너머》는 순전히 그렇게 끌려서 값을 주고 읽은 슬픈 일몰 이야기이다. 일몰을 지나 그 너머까지 읽어보라 채근하는 소설이다.

    간병인이 이불을 들쳤다. 순간 N은 이제껏 보지 않으려 했기에 보이지 않았던 무언가를 또렷이 직시한 느낌이었다.
    "이것 좀 보오. 내 세상에 여기 내려온 첫날에 놀라서 잠을 다 못 잤소."
    N은 눈을 감거나 고개를 돌리지 않고 간병인이 하는

모든 것들을 지켜보았다. 드디어 새 기저귀를 채우고 옷을 입히고 이불을 덮었다. 어머니의 푹 꺼진 눈꺼풀 속에 눈물이 맺혀 있었다. 어머니의 말로 표현할 수 없는 고통이, 그리하여 N으로서는 짐작도 할 수 없는 고통이 거기 고여 눈곱으로 굳어갔다.

   N은 툭 뱉어내듯 순식간이야, 하고 말했다. 순식간에 끝난다고 순식간에, 하고 주문처럼 중얼거렸다. 순식간에 끝나…….

                          – 권여선의 소설《너머》부분

사실은 한 번도 너머를 본 기억은 없다. 아끼던 신발 한 짝이 떠내려간 곳, 몇 번의 실패 끝에 겨우 띄운 가오리연이 그만 끈을 떼고 날아 가버린 곳, 시집간 언니가 산다던 거기 재 너머, 지금의 허무가 끝날 그 너머 어딘가. 그리하여 너머는 손닿지 않는 곳 현실 밖이었고 의식 밖이었고 잠재된 공간이었다. 마침내는 나의 필연이며 이생의 궁극이며 종교적으로는 소망이어야 하는 그 모호한 불안과 평안의 경계 일몰 그 너머.

   여든셋의 김 어르신은 요양병원에 입원한 지 삼 년이 되었다. 기동장애로 침대에서 내려올 수는 없으나 인지는 명료했다. 침상에서 할 수 있는 자가간호가 가능하고 핸드폰 등의 기기도 잘 사용하며 일상의 언어가 점잖았다. 그렇게 요양병원에 적응하는 것도 같았다. 적어도 그날 새벽 순회를 하던 직원이 그의 주검을 발견하기 전까지는 그러했다. 침대 머리를 세우고 등을 기대앉은 그에게 문안 인사를 했으나 아무 대답 없는 것을 수상히 여긴 직원이 불을 켜고는 죽음을 안 것이다. 침대 난간에 핸드폰 줄이 묶여 있고 줄의 다른 한쪽은 그의 목에 감겼는데 침대를 조절하는 수동 손잡이가 손안에 있었다. 가족들은 조용히 처리되기를 원했고 매스컴은 합의하여 침묵했다. 김 어르신은 퇴직 경찰관이었다.

사돈어른은 백 살을 넘긴 지 몇 해 되었다. 백 살이 넘으면 나이를 세는 게 아니라 하니 그냥 안부만 묻는다. 사돈어른은 젊은 시절부터 매사에 꾀시러워서* 그이의 맏사위는 장모를 일러 "지구상에 현존하는 사람 중에서 가장 존경한다."라고 치세운다. 아들이 지은 집에서 도우미의 수발을 받으며 혼자 지낸다. 손수 탄 믹스커피를 들고 마루 끝에 앉아 마당가의 꽃을 보는 게 하루의 시작이다. 문안하는 사람에게는 용돈을 쥐여 보내고 통장의 잔고를 꼼꼼하게 기억한다. 뉘라서 그 어른의 백세인생을 부럽다 하지 않을까. 그러함이나 그녀의 딸들에게는 백 살이 넘은 친정엄마가 설핏 마뜩잖다. 만에 하나 자식 먼저 앞세울 일이 있을 만도 하여서…. 나는 딸들의 염려를 이해한다. 살아 계실 때 한 번 더 문안드릴까 물어보면 막막 손사래를 치곤 한다.

그러는 딸들은 아무도 아무것 입댈 거리 없는 효녀들이다.

　수필가 김정화는 다대포의 일몰을 두고 "붉은 온점을 찍는다. 바다가 꽃잠이 든다. 완경이다."라고 적었다. 금융계 요직에서 은퇴하는 남편을 두고 "이제는 지는 해."라며 허전해하는 누이에게 그가 말했다. "일몰이 더 아름답다."고. 민속학자 김열규 역시 노년을 일러 일몰처럼 사무치고 곱고 야무지고 아름답다고 하였다. 저이들은 '일몰증후군 sundown syndrome'이라 이름하는 알츠하이머 노인들의 증상을 염두에 두어 본 적이 있을까. 매거하지 않더라도 일몰이 몰고 올 연상은 죄 슬프다. 슬픈 일몰이 내내 두렵다. 남루한 일몰이 진정 무섭다. 이미 대면한 타인의 일몰도 장차 나의 일몰도. 거기에 무슨 언어의 어떤 채색이 따로 필요한가. 채석강의 일몰 앞에서 탄성을 질렀던 기억이 무람하기만 하다.

　모든 생에 질문한다. 가장 평안해야 할 이생의 한 구간은 언제일까. 너머 저 생으로 가기 전 마지막 일몰의 삶이어야 하지 않을까. 동백처럼 절정의 순간에 '문득 꽃모가지가 추락하여' 죽지 않는 담에야 깡그리 삭고 허물어져 남의 손을 빌어야 하는 까닭에 역설적으로 가장 인간다운 대접을 받아야 하지 않을까. 지는 목련처럼 질척거린다 해도 아직은 사람이라서.

　《잠 못 이루는 밤을 위하여》를 쓴 카를 힐티Carl Hilty는 제네바 호수 별장에서 집필하며 딸과 함께 머물렀다. 어느 날 아침, 호수를 바라보며 딸에게 따뜻한 우유를 가져다 달라고 했다. 딸이 왔을 때 그는 평온한 미소를 띠며 죽어 있고 옆에는 그가 방금까지 보던 책이 놓여 있었다.

소설 《너머》의 어머니와 김 어르신은 일몰 그 너머에서는 평안하신지.

우리가 자신의 죽음을 선택하고 계획해도 아무렇지 않을 그런 시대는 언제 오는지.

― 《계간수필》 2022. 가을

*꾀시럽다: 요량이 좋다.

남아있는 나날

 내리 사흘, 세 번의 조문을 다녀왔다. 다 나이든 이의 죽음이다.
 한 분의 며느님한테 전해 들은 고인의 서사가 저릿하니 슬픈 듯 또는 아닌 듯, 아무튼 예사는 아니었다. 서른둘에 혼자되어 자녀들을 잘 건사했고 그만하면 노후도 궁하지 않았다. 유언으로 혼서지를 한복과 함께 태워달라 했단다. 사연 절절하게 배었을 그 옷 입고 혼서지 들고 먼저 떠난 영감 만나러 간다고. 아흔넷의 고령임에도 고 망할 콧줄 꽂은 채 팔 년을 요양병원에 누워있었다. 혼서지를 같이 태워달라는 게 슬픈 건지 요양병원에 콧줄 꽂고 오래 누워있었다는 사실이 슬픈 건지 아니면 그 반대인지. 한세상 살고 돌아가는 길이 꽃길일 수만은 없는 것인가.

역병으로 휴지 했던 예배에 이어 성가대가 부활했다. 무려 이 년여 만에 성가대석에 앉는다. 고맙고 반갑고 그러다가 그만 뜻밖의 낯선 풍경으로 울컥했다. 예배당 한가운데 있던 이른바 경로석이 사라지고 없다. 붙박이처럼 자리를 지키던 은발의 경건하고 순정한 권사님들이 안 보였다.

"그 권사님들 다 요양병원에 안 갔나."

이즈음은 교회의 주차 상황이 여의찮아서 지하철을 타고 다니는데 때마침 만난 권사님이 사라진 은발들의 행방을 한마디로 싹 정리해버린다. 미루어 짐작되는 요양병원과 쉬이 짐작하기조차 송구한 권사님들의 '남아있는 나날'로 하여 그날은 종일 울적했다. 그리고 보면 예배당 이곳저곳 보이는 오래 익숙한 얼굴의 그이들도 다 나이 들어 희끗하다. 한때는 두 손과 가슴과 무릎으로 지심껏 교회를 섬기던 그들이다. 때로는 냉철하게 도도하게 명품 바람을 휘날리던 그녀들이기도 하다. 그이들 속에 장차 은발의 행로를 간단명료하게 요약한 지하철의 권사님도 나도 포함된다. 어김이 없다.

범내골역 출입구에 국화빵 리어카가 있다. 지하철에서 내려 집으로 오는 길에 한 봉지씩 사곤 한다. 천 원에 다섯 개다. 어느 때부터 주인이 한 개 더 담는다. 매번 미안하기도 하여 두 봉지를 사는 날에는 세 개를 더 담아준다. 그 국화빵 리어카의 포장이 걷혀있다. 반가운 마음에 얼른 다가가 다가는 멈칫 서버렸다. 코로나의 역병을 거치는 동안에 주인 남자의 머리칼이 헐빈하니 허애졌고 얼굴에는 표나게 골이 졌다. 한눈에도 늙음이 완연하다. 그를 보는 내 마음도 편치 않거니와 이태 만에 나를 보는 그도 필시 그를 보는 나와 같이 여기리니. 더 이상 국화빵은 사고 싶지 않았다. 내 눈이 국화빵과 멀찍한 지하철 출입구를 훑고 있다.

 언니 둘을 못 만난 지 좀 된다. 둘째 언니는 어린 나에게 간당구를 만들어 입히고 아궁이 불씨에 달군 고데기로 동그랗게 앞머리를 말곤 했다. 셋째 언니는 받아쓰기 '훨훨'을 틀렸다고 싸리 빗자루 가쟁이를 꺾어서 때린 선생님이었다. 그랬던 언니들이 너나없이 퇴행성의 불편으로 꼭 필요한 일이 아니면 바깥출입을 안 한단다. 큰오빠가 고향을 지키고 계실 때 한번 다녀가라 기별해도 늙고 부실한 걸음걸이로는 고향 나들이가 싫단다. 고향 마을도 속절없이 늙긴 마찬가지이다. 울울창창하던 큰골 작은골 앞산도 하늘 아래 자리보전하여 누웠다. 기골이 장대하던 방천도 혈기방장하여 자주 식겁을 주던 둠벙도 죄다 노쇠했다. 마을 입구 둥구나무는 뼈마디가 앙상하고 저쯤에 붉디붉던 배롱나무 졸가리가 야위다 못해 배배 휘었다. 굽었던 골목은 더 굽어 있다. 그 골목마다 청춘들의 은밀한 눈맞춤이 공중 포물선을 긋곤 했건만. 밥은 자셨는지, 안부 물을 노인조차 보기

드물어진 지도 이미 오래다. 이러니 늙은 언니 둘 보탠다고 어데 눈자리 날 것도 없는 고향이건만…. 지근에 사는 넷째 언니는 그런 언니들 걱정으로 오늘도 통화가 길다. 얀정머리 없는 나는 가만히 듣고만 있다.

영화 〈남아있는 나날〉의 스티븐슨을 생각한다. 대저택 달링턴 가의 완벽한 집사인 그는 휴가를 얻어서 일 때문에 떠나보냈던 사랑하는 여인 캔튼을 찾아 먼 길을 나선다. 캔튼에게는 그녀만의 다듬은 삶이 있다. 긴 그리움은 턱없이 짧은 만남으로 끝나고 만다. 스티븐슨은 쓸쓸하고 허망했다. 그래서인가. 영화 〈더 파더〉의 앤서니는 치매로 조각난 기억을 붙들고 요양병원에 있다. 여기가 어디냐며 엄마가 보고 싶다며 간호사의 품에 안겨 어깨를 들썩이며 흐느낀다. 시간과 공간이 전혀 다른 두 영화 속 인물의 배역이 '안소니 홉킨스' 동일 배우인 까닭으로 스티븐슨과 앤서니를 한 사람의 이은 생으로 각색하는 것도 내 나이든 감상 탓인지.

남아있는 나날 중 가장 젊은 한날이다. 남편은 함께 나이 들어가는 손아래 동기들을 만나러 도회 티 낭창한 그곳 아난티코브로 떠난다. 나는 고향 내음 흔감한 청국장 꾹꾹 여행 가방에 눌러 담고 나이 가뜩한 자매들을 만나러 기차를 탔다. 피붙이…, 남아있는 나날의 궁극일는지도.

  －《에세이문예》 2023. 봄

꽃처럼 돌아오면 얼마나 좋겠습니까

 드디어 바람이 잦아들었다. 비 그친 하늘이 무채색에 가려 뿌예지니 쌀쌀맞던 빌딩들이 그만 결기를 잃는다. 번번이 바닥을 드러내어 짠하던 동천에도 모처럼 빗물이 불어 넘실하다. 비 온 뒤 빌딩 사이로 넘실거리는 동천이 보기 좋다. 만사 성가시던 한더위까지 숙지근해지니 문틈에 드는 여풍도 따라 선선하다. 그러함이나.

 곳곳 태풍이 휩쓸고 지나간 흔적을 보는 일은 매번 슬프고 또 노엽다. '모든 흔적은 상흔이니' 정현종 시인의 시구를 떠올리게 한다. 저렇듯 태풍의 횡포가 처음은 아니건만 그 완강한 흔적의 실체 앞에서 최면 걸린 듯 처연해진 나를 본다. 하마 태풍에 쓸릴 뻔도 하였던 위태한 생을 돌아본다. 태풍이었는지조차 모호했던 어설픈 생의 순간을 다시 본다. 아무튼지.

나는 내 생의 색깔과 기운을 조금씩 빼야겠다고 다짐한다. 선연하지 않아도 귀퉁이 좀 무지러져도 다 괜찮다. 간당간당 가까스로 그래도 된다. 뒤돌아보면 구멍 숭숭 허술했던 내 매무새, 내세울 것 없는 졸작들뿐이거늘 새삼 뭘 더 뻗댄단 말인가. 뒷배도 없이 홀로이 완강했던 본새를 죄 허물 일이다. 기껏 그게 내 꼴이다.

하필이면 이런 날 낭패스럽기가 나만큼이나 기막힌 찬실이를 다시 만났다. 그녀는 영화 〈찬실이는 복도 많지〉의 주인공이다. 오래 하던 영화 일도 끊기고 가진 돈도 없고 용기 내어 고백한 남자한테 차이고…. 그러는 찬실이는 아직 젊고 똑똑하고 사랑스럽기나 하지…. 차라리.

찬실이 세 들어 사는 산동네 집주인 할머니의 애젖함이 자꾸 가슴에 찬다. "가슴에 안고 있으면 뭐 해. 버려야 또 채워지지." "나는 오늘 하고 싶은 일만 하고 살아. 대신 애써서 해." 할머니의 말 마디들은 오랜 세월 순정하게 살아 온 사람만이 가질 수 있는 특허 아포리즘이다. 글을 모르는 할머니는 함께 살던 딸이 죽은 후 수도세 전기세 등의 고지서를 읽기 위해 마을회관에서 한글을 배운다. 찬실은 틈틈이 할머니의 숙제를 봐주곤 한다. 태어나 처음 고백한 남자에게 거절당하여 낙심한 그날에 할머니는 시 쓰기 숙제를 하고 있다. "사라도 꼬처럼 다시 도라오며능 어마나 조케씀미까" 공책에다 딱 한 줄 쓴다. "할머니, 시를 이렇게 쓰면 어떡해요?" 글을 읽고 울먹하던 찬실이 그만 서럽게 흐느끼고 만다. 그녀는 필시 받침 없이 쓴 '사라도…'를 보고는 할머니가 "사람도 꽃처럼 다시 돌아오면은 얼마나 좋겠습니까."라고 읽어도 '사랑도…'라 들었던 것이리라. 찬실이처럼.

우리는 모두 다 내 처지 제 설움 대로만 보고 듣고 읽고 해석하고 단정하고 사랑하고 미워하고 이별하며 살다가 죽는지 모르겠다. 혹여 영화를 만든 감독의 의도와 다르다면 그래서 찬실의 흐느낀 이유가 그게 아니라면 뭐, 그저 내 켯속을 따른 나의 해석일 뿐.

오래전 일이다. 홀로 된 노인들의 우울에 관한 논문을 쓸 때였다. 모집단은 당시 기준으로 최근 5년 이내에 배우자와 사별한 노인들이었다. 남편을 잃은 지 일년 남짓한 여성 노인과의 면담이 잊히지 않는다. "아무리 그래도 열세 살에 티푸스로 죽은 큰딸만 할까요?" 평생 큰딸을 가슴에 묻고 산다던 그 말. 그날 느낀 전율은 훗날에 영화 〈님아, 그 강을 건너지 마오〉의 한 장면으로 이어졌다. 자신들의 죽음을 앞둔 노부부는 일찍 죽어 저승에 먼저 가 있는 자식한테 줄 선물을 마련한다. 살아서는 못 입혔던 내복을, 딸은 분홍색 아들은 하늘색으로. "영감, 애들이 커서 안 맞으면 어쩔까요?"

 애써 따지고 들지 않더라도 인간의 정체성은 인간관계에 의해 형성된다. 관계에 따라 좋은 사람 나쁜 사람, 편안한 사람 불편한 사람으로 분류한다. 감정에도 정체성을 매긴 다면 사랑이나 미움, 아픔이나 노여움, 사무친 그리움까지도 결국은 그 사람과의 관계 때문이다. 그리하여.

 그것은 가없이 무연한 태풍이었다. 아무 기척 없던 생 하나가 문 뒤에 서서 작별을 기다렸다. 느닷없고 여지없는 작별이다. 생멸이 한순간이었다. 눈부신 생이 그리 허망히 끝날 줄을. 낯선 곳에 혼자 누운 남자를 지키게 될 줄을. 타고 남은 쓸쓸한 뼛조각, 돌이킬 수 없는 소멸을 목도할 줄을. 재가 담긴 항아리를 안은 또 한 남자의 "따뜻하네." 낮은 읊조림을 듣게 될 줄을 몰랐다.

 남자가 떠난 다음 날은 마치 영화 속 클리셰처럼 종일 비가 내렸고, 나는 뱃멀미 같은 애도를 견뎌내지 못하여 남자의 어머니 산소를 다녀왔다. 어머니의 꿈길에 자주 밟혔다는 남자, 그의 부재가 부려다 놓은 조절 안 되는 상실감. 동천 둘레를 휘휘 세 바퀴나 돌아서 가는 비에 허리부터 발끝까지 흠뻑 젖고서야 울렁이던 마음이 겨우 비 적신 어둠 속에 가라앉는다.

 남자의 죽음은 주검 그것으로 끝나지 않을 것이다. 남은 이들에게는 미경험의 공허로 숙연하게 될 것이고 상당 세월을 이어 대체 불가의 그리움으로 재생될 것이다. 감히 누가 먼저 입 밖으로 소리 내어 들먹이지도 못할 그리움으로, 그리움으로 하여 마저 금기가 되어버릴 이름으로. 그리하여 나는 꼭 한마디 그렇게 시처럼 독백처럼, 흡사 원망처럼 기도처럼 읊조리고 말았다.

'사람도 꽃처럼 돌아오면 얼마나 좋겠습니까.'

꿈에

 익은 얼굴이 의자에 앉아 있다. 탁자 하나의 거리를 두고 앉아 있다. 생각해보면 언제나 그만큼이 그와 나의 거리였다. 익은 얼굴은 찻잔을 한 손에 들고 있다가 입술로 가져간다. 그가 차를 마실 때마다 찻잔이 그의 얼굴을 반쯤 가리는 게 자꾸 마음에 걸렸다. '차는 좀 있다 마시고 나를 보는 게 낫지 않겠어요?' 나는 차마 입 밖으로는 뱉지 못하고 입안엣소리를 건넸다. 내 속말을 알았는지 그가 대답했다. "갈 곳이 있어서." 나는 어디냐고 묻지 않아도 거기가 어디인지 아는 것 같았다. 다만 그의 대답이 너무 짧아서 서운했다. 서운하다고 말하면 오히려 그가 서운해할 것 같아서 그 말을 안으로 삼켰다. 둘 다 아무 말이 없으니 자꾸 서운했다. 나는 용기를 내어 의자에서 일어나 그에게 다가가 그의 목을 끌어안았다. 그러자 울음이 터져 나와 곡哭이 되었다. 곡이 길다. 곡이 자꾸 길다. 내 울음소리가 내 귀에 들리기 시작했다. 베개에 얼굴을 묻고 흐느끼는 나를 알아보았다. 차츰차츰 창밖의 동살이 느껴졌다. 울음이 서서히 잦혔다. 아 아, 꿈이었구나. 오래전에 떠난 엄마는 단 한 번을 내 꿈에 오지 않았다. 못되게 굴던 걸 용서받아야 하는데 둘째오빠도 발을 딱 끊었다. 더운 속을 마저 풀고 싶건만 여즉 안 오는 형님도 야속하다. 그는 어이 왔을까. 이리 서운함만 남기고 갈 거면서.

다시 가을입니다.
그곳에서 잘 지내시는지요.

- 《부산수필문예》 2022. 가을

송년送年

"그게 뭐죠? 진하고 양 적은 커피요."
"아, 에스프레소요?"

바깥에서 식사라도 하는 날 카페에서는 곧잘 에스프레소를 마신다. 별미를 탐한 후의 포만감을 가라앉히는 나만의 처방이기도 하다. 앙증한 커피잔의 시각적 심상이 우선 그러하다. 손잡이 고리에 검지를 끼우고 세 손가락만으로 잔을 들어 입술에 댄다. 끈적한 추출물보다 먼저 닿는 크레마와 미세하게 코틸이 떨릴 듯 혼미한 향, 커피는 딱 반 모금씩 입안에 머물다가 스미듯 목으로 넘겨야 한다. 그런 다음 뜨거운 물 한 모금으로 잔향을 가셔내고는 다시 처음부터 시작하는 것이다.

그러해 왔기에 진즉 입에 배어 툭 쳐도 나올 법한 이름이건만 그날따라 어서 밖으로 새어 나올 줄을 몰랐다. 고맙게도 애리애리한 카페 직원은 드물게 상냥하여 약간의 무안함을 덜어주긴 했다마는 그단새 내가 그런 나이를 먹고 말았다.

나이 들면 따라서 병원 갈 일만 생긴다더니…. 간병인이 딸린 사인용 병실은 나부터 시작하여 일곱 살 더 먹기까지 나이 먹은 여자들만 있다. 한 사람이 어깨수술을 했고 나머지는 다 무릎수술을 했다. 어깨수술한 이도 몇 해 전에 무릎수술을 했단다. 여기서 무릎수술이라 함은 인공슬관절치환수술을 말한다. 그러니 내 무릎연골수술 같은 건 그네들 말로 '새발의 피'인 셈이다. 일곱 살 연장자인 이는 한때 쌀 80킬로그램을 들었다고 한다. 나중에야 나는 그게 쌀 한 가마라는 걸 알았다. 무릎수술한 이는 가내공업을 한다는데 보이는 대로 넘겨짚은 것과는 달리 명패에는 나보다 꼭 한 살 더해있다. 무릎수술의 또 다른 이는 고흥에서 갯일을 한단다. 어떡해도 다 같은 노화이건만 나는 산길을 걷다가 다리가 삐끗했다는 말을 어쩐지 하지 못했다.

그 일주일 동안 나는, 간병인의 출근 전과 퇴근 후에 그네들의 잔심부름을 도맡았다. 침대 옆에 밥상을 끌어다 주고, 텔레비전을 끄거나 불을 켜고 옷 갈아입는 것 등을 도왔다. 짜죽짜죽 디디며 더운물도 길어다 주었다. 물 길러 다니는 중에 아주 이따금 나이 젊은 환자를 만나기도 했는데 환의를 입고 바퀴의자에 앉았어도 늘어뜨린 긴 머리칼은 고혹적으로 보이기까지 한다. 극구 사양하지만 않았다면 나는 그네들의 꼬불꼬불 숱 적은 파마머리도 감겨주었을 것이다.

　가까운 이와의 영별이야말로 나이를 먹을수록 그러할 만한 또 한 가지 사건이다. 그것은 지독한 상실감. 남편을 보내고 참담했을 그는 그예 비행기를 타고 떠났다. 둔감한 내가 그때껏 감지하지 못했던 나에 대한 서운함을 드러내며 갔다. 누가 누구를, 내가 그를 그가 나를 어찌 다 안다고 하겠는가. 나는 그의 서운함을 두고 어떤 설명도 변명도 항명조차도 하지 않았다. 애도의 이유 있는 표현으로 여겨 품었다. 대신에 몹시 당혹했고 그 당혹감의 시간은 좀 길었다. 일상이 흔들거리는 체감이 이런 것인가. 자다가 깨어보면 낮인지 밤인지 어디인지 누구인지 도대체 그동안 우리에게 무슨 일이 일어났는지, 지남력이 상실된 것 같은 두려움으로 뒷목과 등짝은 땀으로 축축했다. 그러기를 서너 달, 억지로라도 당혹감에서 헤어난 나는 그에게도 나에게도 도무지 생경한 기도를 했다. 나를 향한 서운함이 도리어, 혼자 맞닥뜨려진 낯선 삶에 새로운 결기가 되었기를, 예고하지 않았던 나머지 생의 근력을 키우는데 스파링 상대가 되기를 기꺼이…. 사랑스러운 글 많이 쓰라는 당부와 함께 남편의 유품 중에서 만년필을 보내준 그를 사랑한다.

익숙한 에스프레소는 기억나지 않았어도 시간은 정직하게 흘러 십이월이 되었다. 십이월에는 나처럼 누군가도 오래된 사진첩을 꺼내 볼지 모른다. 잊지 않으려고 또한 잊으려고. 거망빛 두루마기를 입은 며느리와 모직 코트에 부츠를 신은 시어머니의 사진이 울먹하다. 눈발 날리던 홋카이도의 료칸에서 한 방은 비워둔 채 여자 넷이 함께 보낸 그날 밤의 언어가 아리다. 어설피 맏며느리 이름을 위해 깜냥으로 분투했던 날들이 아프다. 허망한 추억들. 이제는 그만 그 모든 속절없는 것들에서 손을 놓기로 한다. 남은 날은 완전한 이기로 나에게만 골몰하기로 한다. 이런 나의 능동이 무상하지 않기를 바란다. 아무려면 짚어보아 좋은 것들일랑은 잊지 말아야지. 무슨 소용일까 마는 탁자 유리 밑에다 나이 들어버린 기억, 박제된 추억들을 줄 세워 저장했다.

꼬박 이태를 넘겨 세상을 소란케 하는 코로나19의 3차 백신으로 무지근해진 팔을 함께 어르며 달래며 한 해를 보낸다. 몸도 마음도 관계와 이별까지 힘든 해였다. 저무는 해 뒤에서 홀로 부대끼다 슬몃, 이울어가는 육신과 총명에도 가지 두엇쯤에 꽃 붉게 필 봄날을 고대한다. 커피잔의 남은 온기를 쓰다듬다 말고는 별안간에 창황하기도 하지. 꿀꺽꿀꺽 목으로는 울음을 삼키고 있다.

− 《부산수필문예》 2022. 봄

혜존에 대하여

 네 번째 수필집을 꿈꿀 줄 몰랐다. 처음에는 내 이름으로 된 책 한 권도 당찮은 욕심 같았는데 발간과 함께 뻔뻔함도 늘었다. '절창, 불후의 명작은 없음' 마땅해야 할 부끄러움이 그만 희석되고 만다.
 늘어나는 것은 또 있다. 책을 내면 누구누구에게 보낼까 하는 고민이다. 내 수필집을 기대하지도 반기지도 읽지도 않을 거라는 조바심이 앞선다. 수필 문단의 선배들에게 다 보내는 것이 예의라고 배웠는데 이제는 아닌 것 같다. 전국의 수필가들이 보낸 책들로 홍수가 난다며 일일이 읽기도 버리기도 힘들다는 어느 원로 수필가의 글을 읽었기 때문이다. 동료 수필가들에게 필히 보내는 것도 잠시 생각해볼 일이다. 그러지는 않겠지만, 내 글을 별로라고 할 작가에게도 선뜻 책 주기가 망설여질 것만 같다.

수필 문단의 내막도 이럴진대 수필과 관련 없는 사람들은 말해 무엇하나. 떨떠름한 표정도 참을 만하다. "수필을 쓴다고?" 그다음에는 '아무나 쓰는 수필'이 생략된 말줄임표가 있다는 걸 알겠다. "읽을 게 많아서."라고 한다면 내 수필까지 읽어줄 시간은 없다는 말이다. 저들은 '수필맹'이라는 말이 있다는 걸 알까.

얼마 전 일이다. 모임에 나가기까지 약간의 여유가 있어 TV를 틀었더니 마침 영화 〈영웅〉을 소개하고 있었다. 알려지다시피 안중근 이야기를 다룬 뮤지컬 영화이다. 잠깐의 영상에 저릿하니 눈물이 났다. 뿌옇고 채색 없는 화면조차 주인공들의 비장함에 몫을 더한다. 얼른 방으로 들어가 책더미에서 안중근을 쓴 김훈의 《하얼빈》과 작가의 다른 책을 꺼내 들고 집을 나섰다. 그날 모임의 그들은 내가 건네는 책을 몹시 반겼다. 보는 나도 덩달아 기뻤다. 그리고 묘했다. 내 수필집도 저리 반겼나? 이러하니 밤잠 아껴가며 쓴 수필집 한 권을 거저 주는 일도 심사하고 또 숙고할 일이다.

혹자는 수필을 두고 자기만의 위무, 개인의 취향이라고도 말하지만 "책을 받고 쪼그리고 앉아 단숨에 읽었더니 오금이 저려 일어설 수가 없었어요." 괜히 얼굴까지 붉어지는 기분 좋은 문자를 읽었거나 "서점에 갔더니 한 권밖에 없어서 두 권은 주문하고 왔어요." 이토록 가슴이 울렁거리는 전화를 받았을 때는 퍼뜩 컴퓨터 앞에 앉아 글을 쓰고 어서 다음 수필집을 내고 싶었다. 서점마다 '재고 한 권'이 오늘날 우리나라 수필집의 현주소라는 걸 어느 글에서 읽기는 했다마는.

 책을 보낼 때는 서명을 한다. 저명한 작가들은 자신의 책이 출간되면 독자를 불러 모아 저자 사인회를 여는 경우도 많다. 이른바 저자 서명본이다. 조앤 K. 롤링이 자필 서명한 《해리 포터와 마법사의 돌》 초판이 런던 크리스티 경매시장에서 사만 달러에 낙찰되었다고 하고, '나의 사랑하는 오랜 친구, 호빗의 여왕 일레인에게'라고 적힌 J.R.R. 톨킨의 《반지의 제왕》 초판은 십만 달러에 경매되었다고 한다. 런던에는 저자가 직접 서명한 초판본만 판매하는 서점이 있다고 하니 저자 서명의 가치를 생각해볼 일이다.

 김훈 소설가는 《칼의 노래》 판매 백만 부수를 기념하여 자신의 서명이 있는 특별판으로 이천 부를 출간하였고, 조정래의 《태백산맥》은 이백 쇄 기념으로 저자 서명본 이천 세트가 가죽 장정으로 출간되었다. 그렇지만 그건 어디까지나 저명한 작가들의 한정판 이야기일 따름이다.

 오랫동안 서명을 할 때는 받는 이의 이름 앞에 '혜존惠存'이라 썼다. 혜존의 쓰임에는 옳고 그름의 이견이 있다. 오히려 책을 받은 자가 '주신 책을 잘 보관하겠습니다.'라고 쓴다는 그것이다. 그리해도 혜존은 '부디 내 책을 읽어주고 간직하여주십시오.'라는 뜻으로 쓰여 왔다. 책이란 독자에 의해 가치가 완성되는 것이므로 '혜존'이라 정중하게 당부함이 마땅하다. 함께 쓰일 말로는 혜람惠覽, 청람淸覽, 일람一覽 등도 있으나 요새는 이런 말을 거의 쓰지 않는다. 겉도는 한자말이기도 하지만 실상은 무명의 저서를 드리는 것만도 쭈뼛거려지는데 읽고 간직하라니 상당한 무례가 아닐 수 없음이다. 오히려 언젠가는 버릴 그때 부디 마음 편히 버리라고 별도의 서명지를 붙이거나 아예 서명 없이 보내기도 한단다. 수필집 한 권이 만들어지기까지의 시간과 고독의 축적을 알면 수필집 한 권의 무게를 결코 가벼이 못하련만. 어쩌다 보니 저자가 독자의 책 버리는 형편까지 배려하게 되었다. 차라리 사자성어를 흉내 내어 혜존무상惠存無常이라고나 해 둘까 한다.

  가을 탓인가? 다 쓴 글이 무담시 무상하다.

-《에스프리드레》 2022.

내 수필이 별거라고

 나이 드니 남자 동창도 새삼 좋다. 고향과 교정과 세월의 교집합이 허락되는 엄연한 외간남자, 저들의 코흘리개 시절을 나는 알고 있다. 맨다리 폴짝거리던 나를 저들도 안다.
 이제 막 섬진강에 봄물 들기가 시작되었나. 저들 중에 첫 번째의 그가 하동재첩을 보내왔다. 꺼멍고무신 적셔가며 따서 보낸 고직골 산두릅의 여향이 여직도 은은하건만. 내 고향 시인이여! 지금쯤 그대 시 밭에는 이랑이 두둑하고 고랑은 깊어졌는지.
 바깥일은 다 제치고 내가 보낸 수필집을 읽으며 하루를 보낸다고 두 번째의 그가 전했다. 알 만한 사람은 다 아는 요식업으로 바쁜 줄 아는지라 내 책에 할애한 하루를 결결이 감격했다. 잠깐 시선이 내 글 어느 행간에 머물렀을까 궁금해진다.

아내의 동료 교수들에게 나눠줄 거라며 내 수필집 서른 권을 청한 세 번째의 그는 곱절이나 되는 책값을 보낸단다. 아니 될 말, 내가 아는 남자를 통틀어 수필집 출간기념회를 열어 준 한 사람이다. 아깝다. 나는 어이 저 친구의 코흘리개 너머 모습을 못 보았을까.

절에도 몇천만 원을 시주하는데 동창에게 책값 몇 푼을 못 주니? 멀리 네 번째의 그가 한사코 보낸 책값 몇 푼에 놀란 내 손이 덜덜덜 떨렸다. 사실은 말이다. 너의 얼굴도 너와의 추억도 아슴해서 속상해. 다만 내 바람은 너의 불심佛心이 너의 평안을 장담하기를.

짬짬이 다섯 번째의 그가 기별한다. 글쓰다가 힘 빠지면 몸보신하러 얼른 오라고. 저번에 먹은 불고기 기운도 그대로인데 무슨 대단한 글을 쓴다고…. 남은 염치 때문에 다시 언양에 못 간다.

여섯 번째의 그가 만찬에 초대했다. 나는 신발장에서 하나뿐인 명품 구두를 꺼내 신으며 살짝 변색된 장식과 닳은 뒤축에 마음이 쓰였다. 동행들과의 만찬은 낙낙했다. 오마나! 성공한 남자의 여유라니. 우리 이제 낼모레가 종심인데 부끄러워 말고 이담에는 나만 불러도 되지 않겠나.

시인 김광희는 〈시인이 별거라고〉라는 시에서, 친구 집에 갔다가 장롱 짝 받치고 누워 힘쓰고 있는 자신의 시집을 발견하고는 그래 내 대신 힘 좀 오래 써라 덕분에 열심히 써야지 시인이 별거겠느냐고 한다.

남의 수필 말고 내 수필이 별거라고 여섯의 남자가 저런다. 단언컨대 내 수필집이 저들의 야식 라면 냄비를 받치고 누워있어도 괜찮다. 새 냄비 받침을 보내자면 또 부지런히 써야 하는데 도통 글줄이 이어지질 않는다. "저 혼자 생명이 있어 앞 문장이 알아서 뒤 문장을 끌고 간다." 소설가 신경숙은 분명 그렇게 말하였느니.

그나저나 수필을 쓴다는, 이왕이면 예쁜 여자 동창으로 있어주면 좀 좋을까. 무럭무럭 자라나는 허연 머리칼이야 어찌어찌해서 또 부지런히 속인다지만 무장무장 장독으로 변해가는 허리통을 어찌하면 좋을꼬. 만고에 혼자 드는 생각, 만고에 혼자 꾸는 봄꿈이다.

—《좋은수필》 2023. 5

수필작가라는 이름의 나

 '우리 시대의 수필작가'라 칭하다니 좀 버겁습니다. '문학적 자전'을 써내라니 낯설기만 합니다. 문학의 文을 들먹여봄직한 노작이 내게 있을는지요. 제목만이나마 〈수필작가라는 이름의 나〉 제법 문학적으로 지어봤습니다. 문학에 대한 소심한 예의인 셈이지요.

 "수필을 쓴다."는 내 말을 들은 주변의 반응을 두 가지로 요약하면, "그래, 그럴 줄 알았어."와 "수필, 아무나 쓰는 것 아닌가."였습니다. 나는 그럴 줄 알았다는 말에 용기를 얻고 후자의 말은 흘려들을 줄도 압니다. 결코 아무나 쓰는 글이 아님을 알기 때문입니다. 그들에게 홀대받을 글도 만만한 문학도 아님을 아는 까닭입니다. 지금도 수필 한 편을 쓰기 위해 글문 앞에 앉았을 우리 시대의 수필작가들을 응원합니다.

이미 책에도 썼듯이 나에게 수필은 매우 우연했습니다. 2008년으로 거슬러 소설가 박경리 선생의 노제를 모교에서 지냈던 일이 묘한 계기라면 그러하죠. 그때 인연의 선배가 수필 쓰기를 권유했습니다.

그동안 두 문하에서 수필을 배웠습니다. 입문의 첫 스승은 수필가로서의 자존과 겸손을 가르쳤고 두 번째 문하에서는 수필 서사 표현에 대한 예의와 배려를 배웠습니다. 두 문하에서 수학한 것을 자랑으로 여기며 두 분을 존경합니다.

나의 생래적인 성정은 그리 유순하지 못합니다. 못 볼 걸 딱 못 보는 소가지였죠. 오죽이면 '깔끔, 단정, 성깔'이라고 불렸던 적도 있었을까요. 살다 보니 오똑했던 자존감은 조각나고, 소沼를 만나 뉘누리로 휘돌다 이윽고는 한바다의 망망한 허무에서 허우적거리기도 하였지만 그런 궁극이 나의 실체를 만나게 했습니다. 미미하고 시시한 민낯을 알게 된 것이죠. 내 수필은 그런 것들을 그나마 구체화시키고 명목화한다 하겠습니다.

언제부터인지 쓰는 일이 두려워졌습니다. 나는 지금 뭘 하고 있는가. 전업 작가도 아니면서 누군가는 무심하게 넘겨 버릴 책장 한 페이지를 메우자고 이렇게 잠 설치고 밤샐

일인가. 그보다도 누가 기슭 같은 내 이야기에 관심이나 둘 것인가. 이런 생각에 빠져들면 단 한 줄의 글도 쓸 수 없는 공황을 경험합니다. 지난날 거르지 못한 감정에 겁 없이 쓰고 엮었던 책들이 누추하게 여겨져, 글로 해체되고 조각난 나를 싹 쓸어 담고도 싶어집니다. 그럼에도 불구 쓸 일조차 없는 이력서에라도 한 줄 넣지 못할 이름, 나는 수필작가입니다. 수필작가이니 또한 수필 쓰는 것이 마땅하므로 더 얼마큼은 여법하게 수필을 쓸 것입니다만.

한때는 감히 글로써 공명을 기웃거린 발칙함도 있었으나 이제는 절창의 싹도 꿈도 한길 옆으로 나앉아 편안합니다. 글도 편안하게 쓰고 싶습니다. "신변잡기는 수필이 잘 살려야 할 고유성"이라 말한 한 평론가의 말을 긍정하며 장차는 아무 눈치 안 보고 자적하며 써도 되는지요. 내 글과 독자와의 사이에는 공감의 부재도 있을 것이며 나의 묘사가 낯설 수도 있을 것입니다. 그러함에도 누군가 내 색채의 내 수필을 끝까지 읽어준다면 그보다 더 좋은 게 있을까요. 커피잔을 들고 내 방으로 들어가 아무 간섭 없이 책을 읽고 글을 쓸 수 있으니 그저 고마울 따름입니다. 작가는 모름지기 자기만의 방이 있어야 한다고 버지니아 울프가 말했다지요.

나는 타고난 문재文才가 아니며 글속 또한 깊지 않으며 언어 조탁의 묘나 글을 연단하고 벼릴 만한 지구력조차 없어

매번 뒷심 딸린 마무리를 하고 맙니다. 다짐컨대 세계와 자아가 어설프게 맞댐으로 조마조마하게 하지 않을 것이며, 섣부른 철학의 사유를 고집하여 불편하게 하지 않을 것이며, 빈한한 현학을 드러내어 체하지 않을 것입니다. 잠시 여유로 찾은 근방 골짜기의 속살거리는 물처럼 유유하게 쓸 수만 있다면 얼마나 좋을까요. 문장을 위해서는 면려하겠습니다. 좋은 문장이 꼭 좋은 수필은 아니겠지만 어긋나지 않은 문장은 글 쓰는 사람의 존엄과도 같으니까요.

어느 유명 수필가의 수필집 서문에 "내 글쓰기를 도와준 건 남편과 딸의 무관심이다."라 쓰였더군요. 의미야 여럿이겠지만 나도 그렇습니다. 남편과 아들의 무관심이 내 글쓰기를 도왔습니다. 수필이 있는 생이 얼마나 다행인지요. 책에서 옮긴 윌리엄 포크너의 말로 이만 서둘러 마무리할까 합니다.

"남들보다 잘하려고 고민하지 말라. 지금의 나보다 나은 자가 되려고 노력하라."

– 《수필세계》 2022. 가을

황선유 수필집

수비토의 언어

인쇄 2024년 5월 25일
발행 2024년 5월 30일

지은이 황선유
발행인 서정환
펴낸곳 수필과비평사
주소 서울시 종로구 삼일대로 32길 36(익선동 30-6 운현신화타워) 305호
전화 (02) 3675-3885 (063) 275-4000·0484
팩스 (063) 274-3131
이메일 essay321@hanmail.net
출판등록 제300-2013-133호
인쇄·제본 신아출판사

저작권자 ⓒ 2024, 황선유
이 책의 저작권은 저자에게 있습니다. 서면에 의한 저자의 허락없이 내용의 일부를 인용하거나 발췌하는 것을 금합니다.
COPYRIGHT ⓒ 2024, by Hwang Sunyu
All right reserved including the rights of reproduction in whole or in part in any form.
저자와 협의, 인지는 생략합니다.
잘못된 책은 바꿔 드립니다.

ISBN 979-11-5933-531-0 03810
값 14,000원

Printed in KOREA

※이 도서는 한국예술인복지재단 창작준비지원사업으로 지원을 받았습니다.